kurz & bündig

macht in kurzer Lesezeit
mit dem Wichtigsten vertraut.
Die einzelnen Bände dieser Serie bieten
Einblicke in die Themenkreise

Religion & Philosophie
Wirtschaft & Gesellschaft
Natur & Umwelt
Wissenschaft & Technik
Kunst & Kultur
Sprache & Literatur
Geschichte & Geographie

Herausgegeben von Wolf In der Maur

Lucian O. Meysels

Israel

Wiedergeburt einer Nation –
zwischen Verheißung und Realität

hpt-Verlagsgesellschaft

CIP-Titelaufnahme der Deutschen Bibliothek

Meysels, Lucian O.:
Israel / Lucian O. Meysels. — Wien : hpt-Verl.-Ges., 1990 (kurz & bündig)
ISBN 3-85128-038-5

Lektorat: Dr. Irene Kunze
Einbandgestaltung: Erich Baumann

Satzherstellung: inter-letter, Wien
Druck und Bindung: Wiener Verlag, Himberg

Inhalt

Vorwort des Herausgebers

Um zu verstehen, warum Israel, ein keinesfalls durch Schätze und überreiche Fruchtbarkeit ausgezeichnetes Land, dennoch das Gelobte Land ist, muß man die ganz dichte Verflechtung von Religion (Bibel) und Leben im Judentum kennen.

Auf der Landbrücke zwischen Asien und Afrika gelegen, die jeder passieren muß, will er den Weg nicht zu Schiff zurücklegen, liegt Israel in einem stets gefährdeten Teil der Erde. Die Gründung des Staates Israel, den Arabern wie den Moslems überhaupt ein riesiger Dorn im Auge, macht diese latente Gefährdung über alle Geschichte hinaus zu einer heute stets gegenwärtigen und schmerzlichen Tatsache. Zumal hier auch Jerusalem liegt, ein Ort, in dessen Verehrung sich Juden, Christen und Moslems zwar teilen, ohne jedoch den jeweiligen Besitzstand auch zu akzeptieren.

Israel, ein hebräisches Wort, das „Gottes Streiter" bedeutet, wurde schon im 15. bis 13. Jahrhundert v. Chr. allmählich von israelitischen Stämmen in Besitz genommen. Die erste israelitische Staatenbildung erfolgte um 1050 v. Chr., und um 1000 v. Chr. errichtete König David das ganz Palästina umfassende, ja, noch darüber hinausreichende I. Reich.

Dieses erste jüdische Reich erlebte seine Glanzzeit unter Salomon, Davids Sohn, doch Assyrer und Babylonier vernichteten es zwischen 722 und 586 v. Chr. Die Juden wurden in die Verbannung nach Babylon geführt. Die Diaspora begann.

Erst in unserem Jahrhundert setzte unter dem starken Einfluß des Zionismus eine massenhafte Rückwanderung der Juden ein, angetrieben auch durch die fürchterlichen Schicksalsschläge, welche das Judentum in Europa durch die Verfolgung und den Holocaust, die das nationalsozialistische Deutschland inszenierte, erlitt.

Seit das britische Mandat am 14. 5. 1948 erlosch, gibt es wieder einen jüdischen Staat, dem jedoch nicht beschieden war, sein tatsächlich gigantisches Entwicklungswerk jemals in der Aura eines gesicherten Friedens zu verrichten. Im Grunde lebt Israel in der ständigen Bereitschaft zum Kriege, der nach innen (Palästinenser) und nach außen zu führen ist.

So wurde dieser Erdenpunkt zu einem höchst neuralgischen im großen Spiel der Mächte und Religionen. Mit einer erstaunlichen, zähen und hingebungsvoll gläubigen Überlebensstrategie, die auch dort, wo sie in der Wahl ihrer Mittel gelegentlich mißfallen mag, an sich Bewunderung verdient, behaupten sich der Staat und sein Volk.

Wir haben mehr als nur einen Grund, Israel unsere besondere Aufmerksamkeit zu schenken. Über seine Herkunft, sein Wesen und seine Relevanz in unseren Tagen gibt dieses Buch auf eindringliche Weise einen großen Überblick.

Wolf In der Maur

Ein ganz normales Land?

„Es ist ein ganz normales Land, aber nur fast!" Dieses Urteil stammt aus einem Chanson, das die beiden Wiener Kabarettisten Gerhard Bronner und (der verstorbene) Peter Wehle nach einer Welttournee verfaßt hatten. Einer ihrer Stopps war in Israel. „Fast normales Land" — eine treffendere Beschreibung des Staates Israel ist mir in vier Jahrzehnten nicht untergekommen. Sie trifft den Nagel auf den Kopf.

Nach Israel zu fliegen, ist etwas ganz Normales. Wem fällt es dabei auf, daß nur *eine* Luftverbindung überland führt, jene über Ägypten? Und die gibt es erst seit den achtziger Jahren. Alle anderen Flüge von und nach Israel schlagen einen weiten Bogen um die arabischen Nachbarländer.

Noch in den siebziger Jahren wäre übrigens die Flugverbindung Kairo—Tel Aviv undenkbar gewesen (sieht man von Kampffliegern in etlichen Kriegen ab). Hätte damals jemand eine derartige Verbindung angeregt, man hätte ihn als „meschugge" bezeichnet, ein in Israel äußerst beliebter Ausdruck. Aber im Nahen Osten hat es viele „Meschuggene" gegeben, deren Prophezeiungen sich als zukunftsweisend erwiesen haben.

Der Flug zwischen Israel und Ägypten ist heute etwas ganz Normales. Und wer bemerkt noch, daß er der Route des biblischen Exodus folgt — von den Fleischtöpfen Ägyptens ins Gelobte Land?

Die Sinaiwüste hat sich in drei Jahrtausenden nicht verändert. Und Israel ist auch nicht unbedingt das Land, in dem Milch und Honig fließen. Zumindest nicht überall. Dennoch: Der Übergang vom Sinai in den israelischen Negev ist „von oben" sofort erkennbar. An Hunderten von grünen Feldern und wohlgeplanten Siedlungen. Ein Teil der Wüsten wurde bereits zurückerobert.

Israels zentraler Flughafen liegt bei der Stadt Lydda, hebräisch „Lod", wo nach der Legende der Heilige Georg begraben liegt; in einem seltsamen Bauwerk, halb Kirche, halb Moschee, einzigartig auf der ganzen Welt.

Lydda liegt landeinwärts von der Mittelmeerküste. Dort wurde Anfang dieses Jahrhunderts Tel Aviv, damals die erste rein jüdische Stadt der Welt, als Vorort des ehrwürdigen Jaffa erbaut, einer Hafenstadt, die, laut Plinius, 50 Jahre nach der Sintflut gegründet wurde.

Von Historie ist in den modernen Großstädten Israels nichts zu bemerken — sieht man von Jerusalem ab, das niemand als normale Stadt bezeichnen würde. Die Einwohner sehen nichts Ungewöhnliches an ihrem Dasein nach 42 Jahren Kriegszustand. Ein Völkergemisch, das Hitlers Rassentheorien ad absurdum führt: Blauäugige Hünen und hochgewachsene, blonde Mädchen, etwas dunkelhäutigere, zarte Menschen aus dem südarabischen Jemen, mediterrane Typen aus nordafrikanischen und nahöstlichen Ländern. Dazwischen bleiche, orthodoxe Juden, die ihre Sitten und Gebräuche unverändert aus dem „Städtel" mitgebracht haben.

Außergewöhnlich ist lediglich die Tatsache, daß sie in einem jüdischen Staat leben. Und es lebt sich nicht schlecht in Israel, wenngleich sich auch dort ein Stadt-Land-Gefälle entwickelt hat. Es gibt nichts, was man in Israel nicht kaufen könnte. Hotels, Restaurants, Kaffeehäuser und Diskos reihen sich aneinander wie im alten Europa oder dem Mittelmeerraum. Nur in Jerusalem sind sie dünner gesät und schließen früher.

Nichts, so scheint es, deutet an der Oberfläche auf den 40jährigen Krieg hin. Aber der äußere Anschein trügt. Auch in den ruhigsten Gegenden mischen sich Uniformierte, teils mit, teils ohne Bewaffnung, unter die Zivilisten.

Vollends löchrig wird der Schleier der Normalität in den arabischen Orten Israels. Auch dort ist das Leben oberflächlich normal, und die Bewohner haben am Fortschritt teilgenommen. Aber sie sind nicht zu Israelis geworden und betrachten sich als Bürger zweiter Klasse. Und nicht nur hinter vorgehaltener Hand bezeichnen sie sich als Palästinenser.

„Palästinenser", dieser Ausdruck ist zu einem Reizwort geworden. Außerhalb „Alt-Israels" ist die palästinensische Identität zu einer Selbstverständlichkeit geworden. Dort gibt es keine Normalität. Die Lösung heißt „Intifada", Aufstand, gegen die israelische Besatzung, aber auch gegen den Staat Israel selbst. Das heißt, bestenfalls ein palästinensischer Staat in den besetzten Gebieten, ärgstenfalls ein islamischer Staat auf den Ruinen Israels.

Die Araber wurden zu ihrem Aufstand bewogen, weil sie nicht nur die übrige Welt, sondern auch die anderen arabischen Staaten weitgehend vergessen hatten.

Somit richtet sich die „Intifada" nicht nur gegen Israel, sondern auch gegen die arabischen Staaten, besonders die reichen, welche die Palästinenser gerade noch als Gastarbeiter, nicht aber als Bürger der arabischen Nation, tolerieren.

Mit der Zeit hatten die Palästinenser, in den besetzten Gebieten und anderswo, erkannt, daß sie für die „Brüder" nur Bauern auf dem Schachbrett sind, daß diese das Palästinenserproblem nur deswegen am Leben halten, um von eigenen Schwierigkeiten abzulenken.

Von den arabischen Staaten hat nur Ägypten die Konsequenzen gezogen und Frieden mit Israel geschlossen. Und nur die Jordanier haben den Palästinensern Staatsbürgerschaft verliehen.

Heute geben gemäßigte Palästinenser offen zu, daß sie eine historische Chance verpaßt haben, als sie sich weigerten, die Camp-David-Regelung zu akzeptieren. Aber die Zahl der gemäßigten Palästinenser wird immer geringer — ebenso wie jene der kompromißbereiten Israelis.

Die Lösung des Problems könnte nur durch ein Wunder erwirkt werden — und aus Israel ein normales Land machen, das in Frieden mit seinen Nachbarn lebt. Doch auch die große Wende in Osteuropa erschien vielen wie ein mittleres Wunder. Nicht zu Unrecht hat Israels erster Ministerpräsident David Ben Gurion einmal erklärt: „Wer nicht an Wunder glaubt, ist kein Realist."

Er meinte damit Israels Wiedergeburt. Aber auch die Palästinenser hätten ein Wunder nötig.

Wüste und gelobtes Land

Israels raison d'être beruht — im Selbstverständnis seiner jüdischen Bürger — auf der Bibel. Die historischen Wurzeln verlieren sich im Dunkel der Legende: Abraham, der Patriarch der semitischen Völker, bekennt sich zum einzigen Gott und zieht auf dessen Geheiß nach Kanaan. Seine Nachkommen, von der Not nach Ägypten getrieben, werden dort zu einem Volk. Der Auszug ins Gelobte Land wird zum Schlüsselereignis der jüdischen Geschichte.

Die Frage wurde über die Jahrhunderte immer wieder gestellt: Was ist so bemerkenswert an diesem kleinen Land, halb so groß wie die Schweiz?

Israel war nie eine weltliche Großmacht, aber es war immer ein strategisch wichtiges Land, am Schnittpunkt der beiden Großreiche der frühen Antike: Ägypten und Mesopotamien. Und sein politisches Schicksal wurde von stärkeren Kräften bestimmt.

Von den Anfängen Israels ist nur in der Bibel zu lesen, wenngleich gewisse Parallelen zu mesopotamischen Mythen bestehen. Die Bibel ist die einzige Quelle, aber sie ist kein Geschichtsbuch und wurde auch nicht als solches geschrieben, sondern als religiöses Werk. Für jüdische und christliche Fundamentalisten ist sie die Offenbarung Gottes.

Also beginnt Israels Geschichte mit dem Patriarchen Abraham, den Juden und Araber als gemeinsamen Ahnherrn für sich beanspruchen. Für seine Existenz gibt es keinen Beweis, aber über sein Wirken macht die Bibel sehr genaue und nachprüfbare geographische Angaben. Er soll aus Ur in Babylonien stammen, bevor er seine Heimat mit ihrer Vielfalt an Göttern auf Gottes Wunsch hin verlassen mußte. Mit seiner Sippe zog er über die seit Urzeiten benützte Route über den Nordosten Syriens ins Land Kanaan.

Von einer Landnahme von Kanaan zur Zeit der Patriarchen Abraham, Isaak und Jakob kann keine Rede sein. Kanaan zerfiel damals in eine Reihe kleiner Stadtstaaten, die alle in einem losen Abhängigkeitsverhältnis zu Ägypten standen.

Wann aber lebten die Patriarchen, vorausgesetzt, daß es sich um historische Personen handelt? Wahrscheinlich gegen Mitte der ersten Hälfte des zweiten vorchristlichen Jahrtausends.

Das nächste Ereignis, das Israels Geschichte bestimmte, ist rein mythischer Natur: Die Episode vom Ringen Jakobs (Abrahams Enkel) mit Gott, der diesem befahl, seinen Stamm künftig „Israel" zu nennen.

Und die Bibel bleibt auch weiter der einzige Leitfaden; sie nähert sich aber immer mehr der belegbaren Historie. Für die „Abenteuer" von Jakobs Sohn Josef am Hof des Pharao gibt es keinerlei Nachweis; durchaus glaubwürdig ist indes der Hinweis auf die Wanderung der Kinder Israels nach Ägypten. Etwa um 1700 vor Christus hatte eine semitische Völkergruppe, von den Griechen „Hyksos" genannt, das Land am Nil erobert. Und in ihrem Sog waren weitere semitische Stämme nach Ägypten gelangt.

Deren Situation verschlechterte sich dramatisch, als die Hyksos nach etwa 150 Jahren gestürzt wurden. Es ist nur logisch, daß die semitischen Zuwanderer danach von den neuen Herrschern unterdrückt wurden.

Das nächste Kapitel in der Geschichte Israels ist der Exodus oder Auszug aus Ägypten. Er ist eng mit der Person des Moses verbunden, den die meisten Geschichtsschreiber bereits als halbhistorische Figur betrachten. Gestritten wird noch immer über die Datierung des Exodus: zwischen 1400 und 1200 v. Chr.

Ebenso umstritten wie die Person des Moses und die Datierung ist auch die Route des Exodus. Moderne Archäologen neigen zur Ansicht, daß die zwölf Stämme (so genannt nach den Söhnen Jakobs) nicht das Rote Meer, sondern eher die Lagunen am Nordufer der Halbinsel durchquert hätten und nie in den Süden des Sinai gekommen seien.

Was die Landnahme unter Moses' Nachfolger Josua betrifft, so ist diese nicht als geregelter Feldzug zu verstehen, eher als eine lange Serie von Kämpfen mit ungewissem Ausgang.

Die Israeliten waren indes nicht die einzigen, die zu jener Zeit die alte Ordnung in Kanaan erschütterten. Im 12. Jahrhundert waren die „Seevölker", in der Bibel „Philister" genannt, in Ägypten eingefallen. Von Ramses III. besiegt, wurde dieses wahrscheinlich indoeuropäische Volk an der südöstlichen Mittelmeerküste angesiedelt — und gab dem Land den Namen „Palästina".

Mit der Zeit versuchten die Philister ihren Einfluß ins Landesinnere auszudehnen, was sie zwangsläufig in Konflikt mit den Israeliten brachte, die dort ihre eigene Herrschaft konsolidiert hatten. Vorerst waren die Philister militärisch überlegen, nicht zuletzt dank ihrer Waffen aus Eisen. Bei Aphek besiegten sie die Israeliten und nahmen diesen sogar ihr mobiles Heiligtum, die Bundeslade und die Tafeln mit den Zehn Geboten, ab. Später gaben sie die Bundeslade, „von Gott gestraft“, wieder zurück.

Dessenungeachtet sahen sich die Israeliten genötigt, nach der Niederlage ihre bislang lose Herrschaftsstruktur zu ändern. Anstelle der „Richter“ forderten sie nun einen König nach dem Beispiel anderer Völker. Samuel, der letzte Richter, kam dieser Forderung nur widerwillig nach. Wohl nicht zufällig fiel seine Wahl auf Saul, der einem der kleinsten Stämme, nämlich Benjamin, angehörte. Saul und Samuel gerieten bald in Konflikt, aber auch Juda, der mächtigste Stamm, fand mit dem jungen David einen Gegenkandidaten.

Vorerst jedoch hatte der gesalbte König die Oberhand, und David mußte fliehen. Saul gelang ein Sieg über die Philister, aber dann unterlag er der Übermacht seiner Feinde.

Für David war dies das Signal, in das Gebiet seines eigenen Stammes zurückzukehren. Von den anderen Stämmen wurde er allerdings nicht akzeptiert und konnte sich erst nach langen Kämpfen durchsetzen. Etwa um das Jahr 1000 vor Christus hatte er dann den Widerstand überwunden und die Philister in die Küstenebene zurückgedrängt.

Das wichtigste Ereignis seiner Regentschaft war die Begründung eines nationalen Heiligtums. Dafür wählte David das eben erst den Kanaanitern entrissene Jerusalem, offensichtlich wegen dessen bereits bestehender Tradition als heiliger Platz. Der König ließ die Bundeslade nach Jerusalem kommen und bestimmte den Hügel Moriah als ihren Standort.

Nach seinen militärischen Siegen wurde David noch selbstbewußter. Die benachbarten Reiche der Edomiter, Moabiter und Ammoniter wurden annektiert, und schließlich konnte er auch Damaskus, die wichtigste Stadt der Region, erobern.

Wie so oft in der Geschichte waren Davids letzte Regierungsjahre von Rivalitäten innerhalb der großen Schar seiner Söhne überschattet. Schließlich gelang es Salomo, dem Jüngsten, den Thron zu erobern.

Dieser verlor zwar Damaskus; der Rest des Reiches blieb jedoch intakt, und der König konnte nun sein wichtigstes Vorhaben in Angriff nehmen: den Bau eines zentralen Heiligtums in Jerusalem, das seine Bedeutung für das jüdische Volk auch nach seiner Zerstörung nie verlieren sollte.

Gegen Ende der Regentschaft Salomos regte sich der Widerstand gegen die Vorherrschaft des Stammes Juda. Der „weise König“ konnte die Rebellion zwar noch einmal niederschlagen, doch danach sagte sich der Norden von Jerusalem los und etablierte sich als Königreich Israel.

In den folgenden zwei Jahrhunderten war Israel zweifellos das mächtigere der beiden jüdischen Reiche. Die Stärke Judas lag lediglich in seiner Kontinuität — der Treue zum Hause David und dem zentralen Heiligtum, dem Tempel in Jerusalem.

Im Norden dagegen folgte eine Palastrevolution der anderen. Und überdies nahm Israel es — zumindest nach der Darstellung der Bibel — mit dem rechten Glauben nicht so genau.

In Assyrien erwuchs dem Land ein übermächtiger Feind. 722 vor Christus wurden Israel und dessen Hauptstadt Samaria vom Assyrerkönig Sargon II. vernichtet. Auch Juda hatte unter assyrischen Einfällen zu leiden, konnte diese aber abwehren.

Assyriens bisherige Rolle als Unterdrücker wurde vom neubabylonischen Reich unter dem mächtigen Nebukadnezzar übernommen. Nach erfolglosen Rebellionen wurde Juda und mit ihm der Tempel von Jerusalem 586 v. Chr. zerstört.

Wieder mußte ein Teil der Bevölkerung den Weg ins Exil antreten. Ohne allerdings ihre nationale Identität zu verlieren. Das Ende des ersten jüdischen Staates schloß einen Neuanfang nicht aus.

Ein halbes Jahrtausend lang hat das jüdische Volk im Gelobten Land seine Unabhängigkeit bewahrt, bis religiöse und nationale Spaltung, besonders aber das Aufkommen neuer Großmächte im Mittleren Osten, zum Untergang führen. Jerusalem wird zerstört, die Spitzen des Volkes werden in die Verbannung geführt.

Das zweite Königreich

Der Verlust der nationalen Souveränität und die Verbannung können das Gefühl der Zusammengehörigkeit des jüdischen Volkes nicht brechen. Ein neuer Herrscher im Osten gestattet die Heimkehr aus dem babylonischen Exil. Langsam beginnt der nationale Wiederaufbau, der sich gegen innere und äußere Feinde bewähren muß.

Für die Geschichte der Judäer im „babylonischen Exil“ gibt es keine außerbiblischen Quellen. Die wichtigsten Hinweise liefern die Bücher der Propheten Ezechiel und Deutero-(Zweiter) Jesaia.

Über das weitere Schicksal entschieden jedoch andere Mächte. Religiöse Differenzen hatten das Neubabylonische Reich nach Nebukadnezzar so stark erschüttert, daß der Perser Cyrus im Jahr 539 vor Christus kampflos in Babylon einziehen konnte. Ein Jahr später, 538, gestattete er den Verbannten aus den verschiedenen besiegten Ländern die Heimkehr in ihre früheren Siedlungsgebiete.

Der Grundstein zum Zweiten Tempel wurde 536 v. Chr. gelegt, doch die Arbeit kam erst etwa 15 Jahre später in Gang. Dabei kam es zu einem Zwischenfall, der geradezu modern anmutet: Die Bewohner der Region Samaria wollten sich als Nachfahren der alten Israeliten am Wiederaufbau des Tempels beteiligen, doch die Heimkehrer wiesen sie als „Kinder fremder Völker“ zurück.

Die Judäer bauten also allein weiter, und zum Pessahfest 516 wurde der neue Tempel geweiht. Es war übrigens ein bescheidenes Bauwerk, nicht einmal von einer richtigen Mauer umgeben.

Zu jener Zeit war das Land nichts anderes als ein Hinter- oder Vorhof des persischen Reiches — bis Alexander der Große 332 das Land eroberte.

Alexander blieb nicht lange im Land, und nach seinem Tod (323) wechselte Judäa (die spätere Bezeichnung) mehrmals seinen Besitzer. Im Jahr 301 ging das Gebiet an die ägyptischen Ptolemäer über. Für Judäa und die große jüdische Gemeinde in Ägypten begann damit eine Blüteperiode. Nicht nur das Leben blieb unangetastet, die Herrscher in Alexandria ordneten sogar die erste Bibelübersetzung ins Griechische an — nach den 70 Übersetzern „Septuaginta“ genannt; das jüdische Glaubensgut konnte dadurch in die ganze hellenistische Welt vordringen.

Die Dominanz der Ptolemäer über Judäa wurde alsbald von den syrischen Seleukiden angefochten. Antiochus III. besiegte die Ptolemäer im Jahr 201 bei den Jordanquellen und brachte danach das gesamte Gebiet bis zur Sinaihalbinsel unter seine Herrschaft; mit katastrophalen Folgen für die Juden. Die Seleukiden hielten nichts von der toleranten Religionspolitik ihrer Vorgänger und waren bestrebt, ihr ganzes Reich zu „hellenisieren“; wenn nötig mit Gewalt.

Die Mehrheit der Judäer blieb jedoch „verstockt“. Ein Konflikt war unvermeidlich, als Antiochus IV. Epiphanes 167 v. Chr. beschloß, die Ausübung der jüdischen Religion gänzlich zu verbieten.

Mit geradezu logischer Konsequenz erhoben sich gläubige Juden gegen diesen Gewaltakt. Nicht in Jerusalem, das sich zu fest in der Hand der Besetzer befand, sondern in der kleinen Ortschaft Modiin am Rand des judäischen Berglandes. Die Führer der Erhebung waren der Priester Mattatias und seine Söhne aus der Familie der Hasmonäer. Einer von diesen, Judas, genannt „Makkabi" (= Hammer), stellte sich dank seiner militärischen Fähigkeiten an die Spitze des Aufstandes, der sich rasch über das westjudäische Bergland ausdehnte und Jerusalem von seinem Hinterland isolierte.

Ein Seleukiden-Heer nach dem anderen wurde geschlagen, bis sich Antiochus zu einem Kompromiß bereit erklärte: Die Ausübung der jüdischen Religion sollte wieder begrenzt gestattet werden. Doch die Hasmonäer gingen darauf nicht ein und eroberten Jerusalem, nachdem der König im Jahr 164 im Osten seines Landes gestorben war.

Judas' erste Tat war die Säuberung des entweihten Tempels, ein Akt, dessen noch heute durch das jüdische Chanukka-Fest gedacht wird.

Noch war Jerusalem nicht fest in der Hand der Juden, doch Judas Makkabi bewies nicht nur seine militärischen, sondern auch seine politischen Fähigkeiten, als er einen Vertrag mit Rom abschloß, das ihn als De-facto-Herrscher von Judäa anerkannte. Dies schützte ihn allerdings nicht vor einer weiteren Invasion der Syrer. 160 v. Chr. fiel Judas im Kampf, seine Brüder Jonathan und Simon setzten indessen ihren Guerillakrieg fort.

Beide wurden auf Geheiß der Syrer meuchlings

ermordet, aber die Unabhängigkeit Judäas mußten sie schließlich anerkennen. Simons Sohn Johannes Hyrkanus wurde sofort nach dem Tod seines Vaters als Hohepriester des Tempels und „Ethnarch“ (Volksführer) inthronisiert.

Damit gab sich Hyrkanus jedoch nicht zufrieden und nahm zusätzlich die Königswürde an. Den Tod Antiochus' VII. nutzte er, um fast ganz Palästina und große Teile des Ostjordanlandes zu besetzen. Während dieses Feldzuges eroberte er auch das Gebiet der Samaritaner und zerstörte den „Gegen-Tempel“, welchen diese nach Zurückweisung durch die Juden auf dem Berg Gerizim in der Nähe des heutigen Nablus errichtet hatten.

Zuletzt unterwarf er auch die Edomiter (künftig „Idumäer“ genannt) im Süden des Landes und zwang sie, den jüdischen Glauben anzunehmen. Das ist übrigens der einzige Fall einer Zwangskonversion in der jüdischen Geschichte.

Die Idumäer setzten sich gegen die Judaisierung nicht zur Wehr, und einige von ihnen erreichten Rang und Würde in der Hasmonäergesellschaft: darunter ein gewisser Antipater und sein Sohn Herodes, die in der jüdischen Geschichte eine umstrittene Rolle spielen sollten.

Mit Hyrkanus' Nachfolger Alexander Jannai erreichte die Macht der Hasmonäer ihren Höhepunkt; allerdings auf Kosten des inneren Friedens. Seine Witwe Salome Alexandra — übrigens die einzige Königin in der jüdischen Geschichte — konnte nur kurzfristig einen Ausgleich erreichen.

Nach ihrem Tod brach unter den Hasmonäerprinzen ein wilder Machtkampf aus, bis Hyrkanus II. den römischen Triumvir Pompeius zu Hilfe rief, der im Jahr 63 Jerusalem eroberte. Hyrkanus mußte alle Eroberungen seiner Vorfahren aufgeben und sogar auf den Königstitel verzichten.

Im Geist der Hasmonäer rebellierte die Bevölkerung gegen diese schmähliche Kapitulation, doch Rom kannte keinen Pardon. Erst unter Caesar verbesserte sich das Verhältnis zu den Juden, nachdem sich Hyrkanus und sein Berater, der Ex-Idumäer Antipater, auf die Seite der Sieger geschlagen hatten.

Durch die Wirren nach dem Tod Caesars wurde auch Judäa in den römischen Bürgerkrieg hineingezogen; Antipater kam ums Leben. Mit Hilfe der Parther rebellierten die Juden und setzten einen anderen Hasmonäer auf den Thron.

Herodes gelang die Flucht nach Rom, wo er sofort zum König von Judäa bestimmt wurde, das die Legionen inzwischen zurückerobert hatten.

Sowohl die jüdische als auch die christliche Geschichtsschreibung beschreibt Herodes als Erzschurken. Es blieb jüngeren israelischen Historikern vorbehalten, dieses Bild etwas zu korrigieren und den König als grausamen, aber äußerst fähigen Herrscher darzustellen.

Herodes war auch ein großer Bauherr. Der Zweite, kleine Tempel wurde erweitert und prächtig ausgestattet. Die in seinem Reich lebenden Nichtjuden wurden ebenfalls bedacht. Für sie errichtete der König eine zweite Hauptstadt, Caesarea, an der Mittelmeerküste.

Erst in seinen letzten Regierungsjahren verfiel Herodes dem Verfolgungswahn: Er rottete seine halbe Familie aus, mit dem Ergebnis, daß ihn (4 v. Chr.) nur seine unfähigsten Söhne überlebten.

Nur für kurze Zeit gelang es dem einzigen fähigen Herodianer, Agrippa I., das alte Reich wiederherzustellen. Der König starb 44 n. Chr. unter mysteriösen Umständen, nachdem ihn die Römer daran gehindert hatten, die Verteidigungsanlagen Jerusalems auszubauen.

Die römischen Procuratoren, als wahre Machthaber, waren, zum Leidwesen der Bevölkerung, grausam, korrupt und unfähig, wobei sich der — in den Evangelien eher freundlich beurteilte — Pontius Pilatus besonders hervortat und die Juden an den Rand des Aufstands trieb.

Die Überreste der jüdischen Selbstverwaltung gingen an den sogenannten Sanhedrin über, ein Gremium von 70 Notablen, das jedoch nur eine beratende Funktion hatte. Der Ausbruch einer großen jüdischen Rebellion war nur eine Zeitfrage.

Der „Jüdische Krieg“ begann 66 n. Chr. mit einem Pogrom gegen die jüdische Bevölkerung von Caesarea. In Jerusalem kam es daraufhin zu Unruhen, die der Procurator Gessius Florus nicht mehr unterdrücken konnte. Worauf er sich aus der Stadt absetzte, während die Garnison niedergemetzelt wurde. Ein Vermittlungsversuch des nominellen Königs Agrippas II. schlug fehl, worauf der Gouverneur von Syrien, Cestius Gallus, eine Strafexpedition einleitete, die jedoch vor den Mauern Jerusalems zurückgeschlagen wurde.

Der Aufstand, der sich sofort auf ganz Judäa und Galiläa ausgedehnt hatte, wurde von den Römern durchaus ernstgenommen. Kaiser Nero sandte seinen erfahrensten Befehlshaber, Vespasian, mit dessen Sohn Titus und 60.000 Mann gegen die Rebellen.

Vespasian fiel im folgenden Jahr (67 n. Chr.) in Galiläa ein und eroberte eine Bergfestung nach der anderen, doch die Wirren nach dem Tod Neros verschafften den Juden eine Schonfrist. Erst Ende 69 hatte Vespasian seine Position in Rom als Imperator so weit gefestigt, daß er im folgenden Jahr seinen Sohn Titus gegen Judäa ausschicken konnte. Die Verteidiger Jerusalems leisteten erbitterten Widerstand — trotz blutiger interner Rivalitäten. Erst im Frühsommer konnten die Römer den Tempelbezirk erobern. Am 9. Tag des jüdischen Monats Ab wurde das Gotteshaus niedergebrannt — nach der Legende auf den Tag genau 656 Jahre nach der Zerstörung des Tempels Salomos durch Nebukadnezzar. Der 9. Ab wurde zum Trauertag des jüdischen Kalenders.

Zum zweitenmal ist Israel einem übermächtigen Feind — der Großmacht Rom — erlegen. Diesmal, wie es scheint, endgültig. Das jüdische Volk muß umdenken, will es ohne eigenen Staat überleben und nicht, wie andere mächtigere Nationen, aus der Geschichte verschwinden.

Ein Volk ohne Land

Auch die letzten Reste der jüdischen Gemeinschaft werden aus dem Land der Väter vertrieben. Doch das Volk überlebt — trotz dauernder Verfolgung zerstreut über die halbe Welt —, zusammengehalten durch die Bande des Glaubens. Und niemals erlischt völlig die Hoffnung auf eine Rückkehr nach Zion.

Die Zerstörung des Zweiten Tempels bedeutet eine Zäsur in der Geschichte des jüdischen Volkes, noch wesentlich tiefergreifend, als es die Vernichtung des salomonischen Heiligtums gewesen war.

Als Volk ohne eigenen Staat wandten sich die Juden immer mehr ihren geistigen Führern zu. Nicht schlagartig, denn noch lebte eine jüdische Mehrheit im Land, besonders in Galiläa, das unter dem Krieg nicht so sehr gelitten hatte.

Daß dieser Wechsel von einer politischen zu einer geistigen Führung überhaupt möglich wurde, war das Verdienst der in den Evangelien so hart gescholtenen Pharisäer, die schon vor der Vernichtung des Staates einen Wandel zu geistigen Werten befürwortet hatten.

Im Volk lebte indessen die Sehnsucht nach Wiederherstellung der Unabhängigkeit weiter. Die starke Militärpräsenz unter Trajan (53—117) machte vorerst jede Revolte in Judäa oder Galiläa unmöglich, und erst der Tod des Kaisers erweckte bei den Juden neue Hoffnung. Der neue Kaiser Hadrian galt als aufgeschlossen und schien vorerst nicht abgeneigt, der wesentlichen Forderung der Juden —

dem Wiederaufbau des Tempels — nachzukommen. Dann aber änderte er brüsk seine Meinung und schlug vor, das Heiligtum woanders aufzubauen. Jerusalem sollte eine hellenistische Stadt werden.

Dies führte zu Protesten, die sich zum zweiten großen Aufstand der Juden (132 n. Chr.) entwickelten. An der Spitze dieser Bewegung standen zwei charismatische Persönlichkeiten: Simon Bar Kosiba als militärischer Führer und Rabbi Akiba als dessen geistiger Mentor. Letzterer bezeichnete Simon als den lange erwarteten Messias, worauf sich dieser „Bar Kochba" (Sternensohn) nannte und den Titel eines „Fürsten von Israel" annahm.

Bar Kochba gelang es, die zwei in Judäa stationierten Legionen zu vertreiben, Jerusalem einzunehmen und mit dem Wiederaufbau des Tempels zu beginnen. Zwei römische Heere wurden geschlagen, bis Hadrian seinen erfahrensten Feldherrn, Julius Severus, aus Britannien abberief und mit ganzen zwölf Legionen (zum Vergleich: der Cherusker Armin hatte im Teutoburger Wald drei Legionen vernichtet) nach Judäa entsandte. Gegen diese Übermacht hatten die Juden keine Chance. 135 n. Chr. wurde die letzte Festung, Betar (bei Jerusalem), erobert. Bar Kochba fiel, Rabbi Akiba wurde zu Tode gefoltert.

Jerusalem wurde nun buchstäblich dem Erdboden gleichgemacht und als römische Stadt Aelia Capitolina neu aufgebaut. Die Juden wurden aus Judäa vertrieben und durch römerfreundliche Völkerschaften ersetzt.

In Galiläa ging indessen das jüdische Leben weiter. Das kleine Städtchen Beth Schearim wurde zum Zentrum einer neuen Schule. An ihrer Spitze stand ein „Nassi“ (Fürst), dessen Autorität weit über den rein religiösen Bereich hinausging. Unter der Leitung des „Nassi“ Rabbi Jehuda wurde gegen Ende des zweiten und Anfang des dritten Jahrhunderts die Kodifizierung der Mischna, des wichtigsten Teiles der Halacha, der mündlichen Überlieferung, beendet.

Galiläa blieb übrigens nicht lange das einzige Zentrum jüdischer Lehre. Eine zweite Schule entwickelte sich in Mesopotamien, wo eine große jüdische Gemeinde wesentlich größere Freiheiten besaß als jene in Palästina. So entstand neben dem „Jerusalemer Talmud“ (beendet in der zweiten Hälfte des 4. Jahrhunderts) der wesentlich umfangreichere „Babylonische Talmud“. Beide bestimmen noch heute das religiöse Leben orthodoxer Juden.

Überhaupt spielte die „Diaspora“, die Zerstreuung, eine immer wichtigere Rolle im jüdischen Überleben. Im gesamten Imperium, von Marokko bis Kleinasien, gab es bereits jüdische Gemeinden. Und auch außerhalb des Imperiums konnten sich die Juden nicht nur in Mesopotamien, sondern auch auf der arabischen Halbinsel frei entwickeln.

Aber zurück nach Palästina: Der Sieg des Christentums unter Konstantin (313) hatte negative Folgen für die Juden im ganzen Imperium, besonders aber im Osten. Jetzt waren die Juden nicht nur Feinde Roms, sondern auch noch „Gottesmörder“.

Noch einmal griffen die Juden zu den Waffen, als

die persischen Sassaniden im Jahr 614 Jerusalem eroberten. Die Wiedereroberung Palästinas durch den byzantinischen Kaiser Heraklius (629) bedeutete schließlich das Ende der organisierten jüdischen Gemeinden in Palästina.

Aber auch die christliche Herrschaft über das Land, das zwischen 630 und 640 von den moslemischen Arabern erobert wurde, ging zu Ende. Die Araber gestanden den Juden (wie auch den Christen) das Recht zu, als geschützte Minderheit zu leben.

Es war daher kein Zufall, daß sich das nächste jüdische Zentrum (neben Mesopotamien) in Spanien entwickelte, das im 8. Jahrhundert von den Moslems erobert worden war.

Inzwischen war unter der toleranten Herrschaft der Omajaden in Palästina wieder ein jüdisches Gemeinleben entstanden. Und jüdische Pilger aus der Diaspora wagten wieder in größerer Anzahl die gefährliche Reise ins Heilige Land.

Es waren jedoch nicht die Juden, sondern die Christen, die sich alsbald in Massen auf den Weg nach Jerusalem machten: die Kreuzfahrer. Diese Bewegung sollte für die Juden sowohl in Europa, als auch in Palästina zur größten Katastrophe seit der Vernichtung des Zweiten Tempels werden.

Auf die Dauer kamen aber auch die Kreuzfahrer in Palästina ohne Juden nicht aus. Stillschweigend wurde ihre Rückkehr geduldet. Bis der Untergang des Kreuzfahrerreichs im 13. Jahrhundert — zumindest was die Juden betraf — den Status quo ante wiederherstellte.

In Westeuropa dauerte indessen der durch die Kreuzzüge geschürte Judenhaß weiter an, wobei sich zu religiösen Vorurteilen auch wirtschaftliche gesellten. Noch schlechter erging es der bislang vom Schicksal begünstigten Judengemeinde in Spanien. Die Wiedereroberung des Landes durch die Christen hatte einen fanatischen Katholizismus hervorgebracht, der 1492 in der Vertreibung der Juden gipfelte. Womit die Spanier unbewußt bereits zu ihrem eigenen Niedergang beitrugen. Ein großer Teil der „sephardischen" (nach Sepharad, hebräisch für Spanien) Juden hatte im Osmanischen Reich Zuflucht gefunden, und zumindest ein Sepharde brachte es dort zu höchsten Ehren: Don Josef Nassi, der zum engsten Berater Sultan Selims II. und zur treibenden Kraft in dessen Krieg mit den christlichen Mittelmeermächten wurde.

Er wurde auch, in gewisser Hinsicht, zum ersten „Zionisten". Vom Sultan erhielt er das Gebiet rund um die galiläische Stadt Tiberias zum Geschenk und forderte zwischen 1561 und 1566 die Juden in aller Welt auf, in das Land der Väter zurückzukehren. Der Ruf blieb allerdings ungehört.

Neben der Türkei waren die Niederlande zum wichtigsten Zufluchtsort spanischer und später portugiesischer Juden geworden. England blieb ihnen vorerst verschlossen, bis ihnen 1656 der „Protektor" Oliver Cromwell die Wiederansiedlung gestattete. Was sich in den folgenden Jahrhunderten für die Juden jenseits des Atlantiks — dem Refugium der Puritaner nach der Restauration der Stuarts in England — positiv auswirken sollte.

In den größeren Ländern West- und Mitteleuropas ließ die Toleranz gegenüber den Juden länger auf sich warten. Erst das aufgeklärte 18. Jahrhundert brachte Erleichterungen — zuerst in Preußen, wo die Juden im Dichter Gotthold Ephraim Lessing einen wichtigen Fürsprecher gefunden hatten, und unter Joseph II. in Österreich. In anderen europäischen Staaten — in den deutschen Fürstentümern wie in Frankreich — ging die Entwicklung sehr unterschiedlich vor sich.

Die stärksten Impulse kamen jedoch von der anderen Seite des Ozeans. Schon während der amerikanischen Revolution hatte General George Washington seine Sympathie für die seit dem 17. Jahrhundert in den USA ansässigen Juden bekundet. In der „Bill of Rights" wurde den Juden der USA erstmals volle Gleichberechtigung zuerkannt. Damit hob sich der Vorhang für die große Wende — eingeleitet von der „nächsten Revolution" in Frankreich, die das Gesicht der Welt verändern sollte.

Fast zwei Jahrtausende der Zerstreuung und Verfolgung haben den Zusammenhalt des jüdischen Volkes nicht gebrochen. Messianische Hoffnungen keimen aus der Verzweiflung, bis die Zeit der Aufklärung in Europa und Nordamerika auch den Juden neue Tore aufschließt.

Auf dem Weg zur Wiedergeburt

Die Amerikanische und die Französische Revolution haben die alte Ordnung zerschlagen. Langsam kämpfen sich auch die Juden zur bürgerlichen Gleichberechtigung vor. Im Zeitalter des Nationalismus erscheint der Gedanke an eine jüdische nationale Renaissance nicht mehr als reine Utopie.

Die Französische Revolution wird allgemein als Geburtsstunde der Gleichstellung der Juden in Westeuropa angesehen. Es war jedoch keine schlagartige Entwicklung. In der Deklaration der Menschenrechte, im August 1789, war wohl die Gleichstellung festgeschrieben worden, die Verwirklichung der hehren Prinzipien sollte sich jedoch über Jahre erstrecken.

Mit dem Vormarsch der französischen Revolutionsarmeen wurden die Juden auch in den eroberten Gebieten von bestehenden Beschränkungen — zumindest auf dem Papier — befreit, aber der Aufstieg Napoleons brachte ihnen sowohl Vor- als auch Nachteile. Allein an der Macht, beschloß er, das Judenproblem (in Frankreich besonders im Elsaß präsent) auf seine eigene Art und Weise zu lösen, sowohl aufklärerisch als auch autoritär. Er dekretierte die Wiedereinberufung des antiken Sanhedrin, der sich aus Vertretern aller jüdischen Gemeinden Frankreichs zusammensetzen sollte. Dies geschah 1807, wobei jedoch der Prunk der Versammlung die Tatsache nicht verschleiern konnte, daß die Delegierten auf die letzten Reste der Selbstverwaltung verzichten mußten und die jüdische Gerichtsbarkeit abgeschafft wurde. Juden sollten nur noch Franzosen sein und ihre Hoffnung auf Heimkehr nach Zion begraben.

Napoleons Sanhedrin blieb ein Zwischenspiel, und nach dem Sturz des Korsen mußten die europäischen Juden befürchten, ihre durch die Revolution gewonnenen Rechte wieder zu verlieren. Um das zu verhindern, sandten im Jahr 1815 die jüdischen Gemeinden einige als Kaufleute getarnte Vertreter nach Wien, die am Rand des Kongresses eine rege Lobbyistentätigkeit entfalteten.

Letztlich waren aber nur Preußen und Österreich bereit, die Rechte der Juden zu bekräftigen. Eine für ganz Deutschland gültige Regelung wurde dann so stark verwässert, daß sie ihre Wirkung weitgehend verlor. In Rußland blieb überhaupt alles beim alten.

Überdies waren die west- und mitteleuropäischen Juden durch die Teilnahme der Türkei am Wiener Kongreß auf die Lage der Glaubensgenossen im Ottomanischen Reich aufmerksam geworden; etwa in Palästina, wo die Gemeinde Anfang des 19. Jahrhunderts ein erbärmliches Leben fristete.

Die ersten Hilfsaktionen begüterter europäischer Juden hatten rein karitativen und keineswegs politischen Charakter. Der bekannteste dieser Wohltäter war der aus dem italienischen Livorno stammende britische Geschäftsmann Sir Moses Montefiore. Sein Adelsstand, seine Position als „Sheriff" der City of London und seine familiären Beziehungen zu den Rothschilds verschafften ihm Zugang zu den Potentaten seiner Zeit, bei denen er sich mit wechselndem Erfolg für die Juden einsetzte.

1827 kam er zum erstenmal nach Palästina, wo ihn der Zustand der Gemeinde entsetzte. In den folgenden Jahrzehnten unternahm er den Versuch, Juden auf dem Land als Bauern anzusiedeln (was ihm nicht gelang), und errichtete das erste Judenviertel außerhalb der übervölkerten Jerusalemer Altstadt.

Inzwischen hatte sich auch die politische Lage in Palästina verändert. 1830 hatten die Truppen des ägyptischen Vizekönigs Mohammed Ali das Land erobert und die Verwaltung reformiert. Mohammed Alis Sohn Ibrahim Pascha bildete ein autonomes Gremium, bestehend aus moslemischen, christlichen und jüdischen Vertretern. Es war das erste Mal seit der Zerstörung Judäas, daß Juden zu administrativen Funktionen im Heilgen Land herangezogen wurden, doch blieb diese Entwicklung ohne Wirkung, weil die Ägypter zehn Jahre später Palästina wieder räumen mußten.

Das Interesse der europäischen Mächte am Nahen Osten wurde alsbald durch die Ereignisse vor der eigenen Haustür abgelenkt. Die Revolutionen von 1848/49 konnten die alten Machtstrukturen nicht brechen, stellten aber die alte Rangordnung in Frage. Etwa das Bild vom — zwangsläufig — immer friedfertigen Juden. Erstmals seit der Römerzeit griffen junge Juden auf seiten der verschiedenen Revolutionen zu den Waffen. Und sie hatten nach Niederschlagung der Erhebungen einen hohen Blutzoll zu zahlen.

Dennoch blieb die Bilanz der Revolutionsjahre

für die Juden Europas — sieht man von jenen im russischen Machtbereich ab — positiv. Nicht alle im erfolgreichen Stadium der Revolutionen gewährten Reformen konnten rückgängig gemacht werden.

Aber die Revolutionsjahre hatten auch negative Folgen: Der Aufstand gegen das alte Establishment war im Namen des aufkeimenden Nationalismus erfolgt. Diese Strömung hatte die Juden zuerst als Verbündete akzeptiert, danach aber in immer stärkerem Maße ausgeschlossen. Aus der Enttäuschung über diese Zurückweisung entwickelte sich in der zweiten Hälfte des 19. Jahrhunderts eine jüdische Nationalbewegung, die, neben dem Kampf um eine eigene politische Identität, vom Gedanken einer „Heimkehr nach Zion" beeinflußt war.

Die nachhaltigste Wirkung erzielten die jüdischen Nationalisten in Osteuropa, wo Elieser Ben Jehuda, der spätere Vater des Neu-Hebräischen, die These vertrat, die Wiedergeburt der jüdischen Nation benötige ein Zentrum, und dieses könne nur Palästina sein. Propagiert wurde die Idee eines jüdischen Nationalismus vorwiegend in Büchern und Zeitschriften. Leo Pinskers „Autoemanzipation" wurde zur Bibel der Bewegung: „Nicht das Heilige Land soll das Ziel unserer Bestrebungen sein, sondern das eigene."

Noch war dies reine Theorie; aber die Pogromwelle, die 1881 im zaristischen Rußland einsetzte, verlieh den Bestrebungen brennende Aktualität. In den meisten russischen Städten entstanden jüdisch-nationalistische Zellen, unter denen die Genossenschaft „Bilu“ (Akronym aus Jesaja 2,5: „Komme Haus Jakob, laß uns wandeln“) hervorragte. Ihr Ziel war die Massenauswanderung nach Palästina.

Noch waren dies kleine Gruppen, doch nach einigen Jahren wurde durch Gründung der „Chowewe Zion“ („Freunde Zions“) die Auswanderung auf eine breitere Basis gestellt. Bereits 1882 wurden in Palästina die ersten bäuerlichen Siedlungen gegründet: „Rischon Le Zion“ in der Küstenebene, „Zichron Jakow“ in den Hügeln von Samaria und „Rosch Pina“ in Galiläa.

Zu ihrem Glück fanden die Kolonisten einen Gönner, Baron Edmond de Rothschild, wegen seiner Generosität „Vater des Jischuw“ (der jüdischen Gemeinde in Palästina) genannt, der in den folgenden 15 Jahren nicht nur 15 Millionen Pfund überwies, sondern auch Agrarexperten nach Palästina entsandte. 1897 wurde „Mikve Israel“, die erste landwirtschaftliche Schule, gegründet. Es war immerhin ein Anfang.

Gegen Ende des 19. Jahrhunderts beginnt, vorerst langsam, die organisierte Rückkehr der Juden ins Land ihrer Väter. Künftig wird die Bewegung nicht mehr allein von religiösen, sondern auch von nationalen Motiven bestimmt. „Kein Volk ohne Land sein“ heißt die Devise.

Der Zionismus — Von der Vision zur Realität

Gegen heftigen Widerstand — oft aus den eigenen Reihen — nimmt die national-jüdische Bewegung sichtbare Konturen an. Die Impulse liefern nicht nur Denker und Träumer, sie kommen auch aus der Masse des Volkes, das sich durch neuerliche Pogrome in Osteuropa in seiner physischen Existenz bedroht sieht. Dann tritt ein Mann auf die Bühne, der seine Glaubensgenossen durch seine Ideen elektrisiert: Theodor Herzl, der Gründer des politischen Zionismus.

Gegen Ende des 19. Jahrhunderts geriet das jüdische Siedlungswerk in Palästina in eine akute Krise. Die Chowewe Zion, die „Freunde Zions", verloren viel von ihrem Elan. Gelder flossen immer spärlicher, und die bestehenden Kolonien in Palästina waren völlig von ihren Gönnern abhängig.

Dann aber trat ein Mann auf die Bühne, der die Bewegung in völlig neue Bahnen lenken sollte. Er kam nicht aus Osteuropa, sondern aus dem kosmopolitischen Wiener Milieu: der Schriftsteller und Journalist Theodor Herzl.

Herzl (1860—1904) stammte aus einer gutbürgerlichen Budapester Familie ohne Bindung zur Orthodoxie oder zur hebräischen Kultur. Durch die Übersiedlung nach Wien geriet er noch stärker in den Strom der deutsch-jüdischen Assimilation.

In Wien schloß er sich auch nicht der jüdischen Studentenverbindung „Kadima" (Vorwärts) an, deren Mentor Nathan Birnbaum den Begriff Zionismus kreiert hatte, sondern der deutsch-freiheitlichen „Albia". Gerade dort stieß er jedoch auf den aufkeimenden Antisemitismus der ehemaligen „48er-Liberalen". Ein antisemitisches Referat seines Kommilitonen Hermann Bahr (später ein ausgesprochener Judenfreund), von dem sich die Verbindung nicht distanzieren wollte, bewog Herzl schließlich zum Austritt. Was aber seiner assimilatorischen Einstellung keinen Abbruch tat. In einem seiner frühen Artikel sprach er sich sogar für die Massentaufe jüdischer Kinder aus.

Zu jener Zeit war Herzl bereits ein anerkannter Journalist und Schriftsteller und erhielt den „Traumjob" eines Pariser Korrespondenten der einflußreichen Wiener „Neuen Freien Presse".

Paris wurde zu Herzls Rubikon: durch die Hexenjagd auf den französisch-jüdischen Hauptmann Alfred Dreyfus (nach 1894). Sie machte den Assimilanten und Schöngeist zu einem Verfechter eines gewaltfreien jüdischen Nationalismus und zu einer Figur von historischer Bedeutung.

Dazu trug seine imponierende Gestalt nicht unwesentlich bei. Mit seinem „Assyrerbart" sah er genauso aus, wie man sich im ausgehenden 19. Jahrhundert einen „König der Juden" vorstellte.

Überdies war er, dank seiner Erfahrung als Journalist, ein durch und durch politischer Mensch, beseelt von der Erkenntnis, daß eine nationale Renaissance nicht nur durch Autoemanzipation vom Ghetto, sondern auch durch politische Allianzen mit den Mächten verwirklicht werden mußte. Durch seine Verbindung zur „Neuen Freien Presse", sozusagen der „Times" des europäischen Kontinents, hatte er eine Stellung, die ihm Einlaß zu den Zentren der Macht in Ost und West verschaffte.

Da Herzl seine Ideen in der „Presse" nicht propagieren durfte, wandte er sich mit mehr Erfolg an den Londoner „Jewish Chronicle". Einen echten Durchbruch erzielte er dann im Februar 1896 mit seinem Werk „Der Judenstaat", das zur Bibel der zionistischen Bewegung wurde. Seine These: Die Juden sind ein Volk; ihre Probleme können daher nur durch Errichtung eines souveränen jüdischen Staates gelöst werden.

Wie nicht anders zu erwarten, löste der „Judenstaat" gemischte Reaktionen aus. Begeisterung und Ablehnung hielten sich bei den Juden die Waage. Junge osteuropäische Juden fühlten sich durch Herzl besonders angesprochen. „Es war wie ein Blitz aus heiterem Himmel", notierte Chaim Weizmann, Herzls späterer Widersacher und erster Präsident Israels, in seinen Erinnerungen.

Einmal in Fahrt, ließ sich Herzl durch nichts mehr aufhalten. Er ging sofort daran, unter den Mächtigen der Zeit für seine Ideen zu werben: beim Großherzog von Baden, einem erklärten Judenfreund, beim päpstlichen Nuntius und bei der türkischen Regierung. Überall wurde er freundlich empfangen — nicht zuletzt als Vertreter der „Presse", aber das bedeutete noch nicht die Akzeptanz seiner Ideen. Besonders hart traf ihn die Ablehnung durch Baron de Rothschild, worauf er beschloß, sich künftig nicht mehr den jüdischen „Granden", sondern den Massen zu widmen. Von seiner Idee eines jüdischen Weltkongresses ließ er sich auch angesichts des Widerstandes innerhalb der jüdischen Elite nicht abbringen.

Und es waren wirklich die jüdischen Massen Osteuropas, die sich begeistern ließen. Am 29. August 1897 — ein Jahr nach Veröffentlichung des „Judenstaates" — trat der erste Zionistenkongreß in Basel zusammen.

Repräsentativ oder nicht, es war eine beeindrukkende Versammlung. 197 Delegierte waren aus Europa und Amerika, aber auch aus Nordafrika gekommen; Orthodoxe, Laïzisten, Kapitalisten und Sozialisten. Über dem Rostrum prunkte eine neu entworfene Fahne: zwei blaue Streifen auf weißem Grund — wie auf einem jüdischen Gebetsschal — und dazwischen ein Davidsstern. Herzl hatte auf einer Fahne bestanden: „Mit einer Fahne führt man Menschen, wohin man will, selbst ins Gelobte Land. Für eine Fahne leben und sterben sie."

In seinem Grundsatz-Referat bekannte sich Herzl ausdrücklich zu einer öffentlich-rechtlich abgesicherten jüdischen Heimstätte in Palästina, worauf ihn die Delegierten einstimmig zum „Ersten Vorsitzenden" der spontan gegründeten „Zionistischen Weltorganisation" wählten. Schließlich wurde Naftali Herz Imbers „Hatikva" (Die Hoffnung), nach einer Melodie, die stark an Smetanas „Moldau" erinnert, zur Nationalhymne erkoren.

Herzl selbst schrieb nach dem Kongreß in sein Tagebuch: „In Basel habe ich den Judenstaat gegründet. Vielleicht in fünf Jahren, jedenfalls in fünfzig wird es jeder einsehen."

Tatsächlich wurde der Staat Israel knapp 51 Jahre nach Basel gegründet.

Im gleichen Jahr besuchte Herzl erstmals Palästina. Von den Siedlern wurde er begeistert empfangen, die Orthodoxen boykottierten ihn, und die türkischen Behörden verfolgten ihn auf Schritt und Tritt.

Der Zionistenkongreß hatte ihn ermächtigt, nicht nur Erkundungsfahrten, sondern auch politische Verhandlungen zu führen. Zuerst wandte er sich an Kaiser Wilhelm II., den Schutzherrn der Türkei (1898). Der deutsche Herrscher, der sich eben zu einem Triumphzug ins Heilige Land anschickte, hegte zeitlebens starke persönliche Vorurteile gegenüber liberalen und sozialistischen Juden. Herzls realpolitische Argumente erweckten dagegen sein Interesse. Eine jüdische „Chartered Company" als Verwalter jüdischer Interessen könnte auch die deutschen Belange in der Levante fördern.

Wilhelm zeigte sich von Herzls Ideen dementsprechend beeindruckt. Als die beiden jedoch einige Wochen später in Jerusalem neuerlich zusammentrafen, hatte der unberechenbare Monarch seine Meinung geändert. Offensichtlich hatten ihn seine Berater und die mißtrauischen Türken umgestimmt.

Herzl versuchte nun direkt zum Sultan vorzudringen. Nachdem er hohe Beamte in Konstantinopel bestochen hatte, wurde ihm im Mai 1901 eine zweistündige Audienz gewährt. Der blutrünstige Abdul Hamid war nicht unbeeindruckt, als ihm Herzl versprach, jüdische Bankiers würden ihm beim Abbau der Staatsschuld helfen; doch zuerst wollte er konkrete Verträge sehen. Dadurch geriet Herzl in eine Klemme. Nur mit Mühe konnte er drei Millionen Francs auftreiben und sie bei türkischen Banken deponieren.

Doch das war Abdul Hamid zuwenig. Bei einem zweiten Treffen mit dem zionistischen Emissär stellte er neue Bedingungen. Es sollte kein kompaktes jüdisches Siedlungsgebiet in Palästina geben, sondern nur verstreute Kolonien. Herzl war zutiefst enttäuscht und wollte sogar den Vorsitz der Zionistischen Organisation niederlegen.

Seine Anhänger konnten ihn umstimmen. Und ihre Zahl war seit dem ersten Kongreß beträchtlich angestiegen. Bei der zweiten Versammlung waren bereits mehr als tausend Ortsgruppen vertreten, und 1902 wurde der „Jewish Colonial Trust" zur Finanzierung des Siedlungswerkes gegründet.

In diesem Jahr trat Herzl auch wieder als Autor an die Öffentlichkeit — mit seinem visionären Roman „Altneuland". Dieser schließt mit den Worten: „Wenn Ihr aber nicht wollt, so ist es und bleibt es ein Märchen, was ich Euch erzählt habe ... Traum ist von der Tat nicht so verschieden ... Alles Tun des Menschen war vorher ein Traum und wird später ein Traum."

Die Hoffnung auf ein Abkommen mit den Türken hatte Herzl begraben, und der Druck auf die osteuropäischen Juden wurde immer stärker. So begann er sich nach einer Alternative umzusehen.

Um die Jahrhundertwende bot sich der britische Kolonialminister Joseph Chamberlain an, den Juden in Uganda eine Heimstätte zu schaffen. Für Herzl war Uganda keine Alternative zu Palästina, wohl aber ein „Nachtasyl" für verfolgte Juden. Dementsprechend setzte er sich für das Projekt beim sechsten Zionistenkongreß ein, stieß jedoch auf den erbitterten Widerstand der osteuropäischen Delegierten. Wohl wurde der Plan mit 298 gegen 178 Stimmen angenommen, aber die „Nur-Zionisten" verließen erbost den Saal.

Für Herzl war dies ein Pyrrhus-Sieg und eine persönliche Tragödie. Es kam wohl zu einer Versöhnung, aber Herzl war bereits vom Tod gezeichnet. Er starb am 3. Juli 1904 in Edlach bei Wien.

Sechstausend Juden folgten seinem Leichenzug, auch die erbitterten Gegner. 1949 wurden seine sterblichen Überreste nach Jerusalem überführt und dort beigesetzt.

Theodor Herzl hat die jahrtausendealte Sehnsucht der Juden nach nationaler Wiedergeburt in der Bewegung des politischen Zionismus zusammengefaßt. Erstmals geht es um mehr als eine Heimkehr nach Zion schlechthin, vielmehr um die Gründung einer nationalen Heimstätte für alle Juden in Palästina. Doch die Hindernisse scheinen vorerst unüberwindbar.

Die Balfour-Declaration — Die Magna Charta Israels

Der Ausbruch des Ersten Weltkriegs stellt die Zionisten vor eine völlig neue Situation: Sie stehen nunmehr in verfeindeten Lagern. Aber die kriegsführenden Parteien haben die politische Bedeutung der jungen Bewegung erkannt und versuchen, sie durch politische Versprechungen zu gewinnen — wiewohl gleichzeitig den Arabern Hoffnungen auf Palästina gemacht werden.

Der Tod Herzls hätte das Ende oder die Spaltung der Zionisten bedeuten können, wäre die Bewegung noch nicht stark genug gewesen, den Verlust der führenden Persönlichkeit zu überstehen. Beim nächsten Kongreß setzten sich die „Palästinenser" durch, und das Uganda-Projekt wurde begraben.

Überdies demonstrierten die jüngsten Pogrome in Kischinew die Existenzberechtigung des Zionismus. Wiewohl die meisten Verfolgten weiter in die USA auswanderten, strömte eine Flut von Flüchtlingen, die sogenannte „zweite Alijah" (Alijah bedeutet „Aufstieg" — nach Zion), auch nach Palästina.

Die „zweite Alijah" sollte später eine sagenhafte Reputation erwerben, weil sich in ihren Reihen bereits eine Anzahl späterer Politiker befand. 1910 wurde als Vorstadt von Jaffa „Achusat Bajit", das spätere Tel Aviv, gegründet. 1914 lebten bereits 85.000 Juden im Land, bis der Erste Weltkrieg jede weitere Einwanderung unmöglich machte.

Kurz zuvor war eine heftige Debatte über die Landessprache der nationalen Heimstätte ausgebrochen. Da das meiste Geld aus Deutschland und Österreich kam, plädierten die Gönner für eine deutsche Unterrichtssprache in den Schulen. Dem widersetzten sich die „Hebräisten", denen es gelungen war, die Sprache der Bibel den neuen Erfordernissen anzupassen.

Nicht zuletzt dank der energischen Parteinahme der bereits in Palästina tätigen Lehrer trug das Hebräische den Sieg davon. Wodurch allerdings zwei traditionelle Sprachen, das Jiddische der östlichen Juden und das Ladino der spaniolischen Sepharden, weitgehend verdrängt wurden.

Im Ersten Weltkrieg standen sich Zionisten — wie Juden überhaupt — in zwei feindlichen Lagern gegenüber. Was sie aber nicht daran hinderte, bei ihren jeweiligen Regierungen zugunsten einer politischen Regelung nach dem Krieg zu intervenieren.

Sowohl die Politiker der Entente als auch jene der Mittelmächte schätzten den Einfluß der Zionisten, besonders in den noch neutralen USA, und begannen um sie zu werben. Allein die britische Regierung versuchte gleichzeitig die arabische Bevölkerung des Ottomanischen Reiches gegen den Sultan aufzuwiegeln. Als potentieller Rebellenführer bot sich der eigenwillige Scherif (Herrscher) von Mekka, Hussein Ibn Ali, mit seinen Söhnen Feisal, Abdullah und Ali an. Sie hatten schon lange versucht, die historische Stellung als Herrscher der heiligen Stätten wiederherzustellen und die Bindung an Konstantinopel zu lockern.

Nach Eintritt der Türkei in den Krieg ließ Lord Kitchener, der britische „Prokonsul" in Kairo, Hussein wissen, daß sein Land die Unabhängigkeitsbestrebungen der Araber unterstützen würde. Hussein forderte jedoch konkrete Garantien für einen arabischen Staat.

Dieser Preis war London vorerst noch zu hoch, aber 1915 sandte Kitcheners Nachfolger Sir Henry McMahon den schon damals geheimnisumwobenen Arabisten und Archäologen (und Geheimagenten) Oberst T. E. Lawrence mit einem eher vagen territorialen Angebot zu Hussein. Ob Palästina in diesem Angebot eingeschlossen war, ist bis heute umstritten.

Tatsächlich hatte London nicht die Absicht, die maximalen Forderungen des Scherifen zu erfüllen. Während Lawrence noch in Mekka war, trafen der britische Diplomat Sir Mark Sykes und sein französischer Kollege Georges Picot zusammen, um das Fell des türkischen Bären aufzuteilen. Danach sollten die Briten Palästina und den Irak, die Franzosen Syrien erhalten. Davon erfuhren die Araber jedoch erst 1917, als Lenin die zaristischen Geheimarchive öffnete. Und die Zionisten wußten überhaupt nichts von McMahons Pakt mit Hussein.

So oder so, die Araber dachten nicht daran, sich sofort zu erheben. Erst im Juni 1915 überwältigte Hussein die kleinen türkischen Garnisonen in Mekka und Dschidda. Im Sommer 1917, als die Briten zu einer Großoffensive gegen Palästina ansetzten, nahmen die Araber endlich den Marsch von Mekka nach Norden auf, nachdem es Lawrence gelungen war, einen führenden Scheich des Ostjordanlandes auf seine Seite zu ziehen.

In Palästina selbst waren die aufständischen Araber nie aktiv. Sie banden lediglich türkische Truppen östlich des Jordans.

Auch das britische Expeditionskorps unter General Allenby konnte vorerst nur die südliche Hälfte Palästinas erobern. Im Dezember 1917 zog Allenby mit klingendem Spiel in Jerusalem ein. An seiner Seite ein kleines, jüdisches Freiwilligenkorps.

Die Türken gaben sich indessen noch lange nicht geschlagen, und deshalb hatte sich London schon zu Beginn der Palästina-Offensive nach weiteren Verbündeten umgesehen. Dazu boten sich jetzt die Zionisten an. Ihr wichtigster Vertreter in England war der Chemiker Chaim Weizmann, der durch seine Forschungen mit Azeton einen wichtigen Beitrag zu den Kriegsanstrengungen der Entente geleistet hatte. Damals hatte ihm der britische Premier David Lloyd-George einen Adelstitel angeboten. Weizmann lehnte höflich ab: „Tun Sie lieber etwas für mein Volk."

Weizmanns eigentlicher Gesprächspartner war Außenminister Arthur Balfour, aber noch schreckte London vor einer direkten politischen Stellungnahme zurück. Erst als der gerade in den Krieg eingetretene US-Präsident Woodrow Wilson für die Zionisten eingetreten war, erhielt Balfour grünes Licht.

Am 2. November 1917 schrieb er einen Brief, nicht etwa an Weizmann (das wäre zu brisant gewesen), sondern an den mit ihm befreundeten Lord

Rothschild, in dem sich die britische Regierung ausdrücklich für die Errichtung eines jüdischen Nationalheims in Palästina „ohne Benachteiligung der anderen Volksgruppen" aussprach.

Als „Balfour Declaration" sollte dieser kurze Brief in die Weltgeschichte eingehen. Es war jene „Charta", von der Herzl geträumt hatte.

Was aber wäre mit Palästina geschehen, hätten die Mittelmächte den Krieg gewonnen? Diese Frage läßt sich leicht beantworten: Die Juden hätten nicht nur ein vages „Nationalheim", sondern bald einen richtigen Staat bekommen. Die deutsche Regierung hatte nämlich auf die Balfour-Declaration sofort reagiert und ein wesentlich weiter reichendes Angebot an das damalige Haupt der deutschen Zionisten, Richard Lichtheim, gerichtet: Nach Kriegsende sollten die Juden ganz Palästina erhalten, zuerst als autonome Region, dann als unabhängigen Staat.

Aber es kam natürlich anders.

Inzwischen setzte London weiterhin gleichzeitig sowohl auf die jüdische als auch auf die arabische Karte. Das jüdische Freiwilligenkorps (das übrigens schon 1915 bei der britischen Landung in Gallipoli mitgekämpft hatte) wurde ausgebaut. Prominente Juden mit militärischer Erfahrung, wie Josef Trumpeldor (ein Held des russisch-japanischen Kriegs von 1904/5) und der Politiker Wladimir Jabotinsky, stellten sich an seine Spitze.

In Palästina kamen die Briten inzwischen nur langsam voran. 1918 konnte Allenby endlich den Norden des Landes besetzen. Erst mit dem allgemeinen Zerfall der Mittelmächte brach auch der Widerstand der Türken zusammen. Was sich danach entwickelte, war buchstäblich ein Wettlauf zwischen Allenbys Truppen und den arabischen Aufständischen unter dem Prinzen Feisal und Oberst Lawrence. Das Ziel war Damaskus, das Herz der Region. Die Araber waren schneller, und Feisal etablierte sich sofort als Herrscher Syriens.

Gegen die Balfour-Declaration hatte Feisal nicht einmal ernsthaft protestiert. Er erkannte jedoch die Gefahr, die ihm aus dem Sykes-Picot-Abkommen drohte. Demnach war es für ihn daher entscheidend, auf den Trümmern der Türkei ein Fait accompli zu schaffen, womöglich mit Hilfe der Zionisten.

Als der Krieg schließlich im November 1918 zu Ende ging, glaubten sich sowohl Juden als auch Araber ihrem jeweiligen Ziel nahe: dem jüdischen Nationalheim und dem großarabischen Staat.

Wie sehr sie sich doch täuschen sollten!

Die Balfour-Declaration ist zur nationalen Charta der zionistischen Bewegung geworden. Britische Truppen haben Palästina den Türken entrissen. Jetzt erwarten die Juden von Großbritannien die Einlösung des Versprechens auf eine nationale Heimstätte. Ein jahrtausendealter Traum scheint Wirklichkeit zu werden.

Das Nationalheim

Auf Grundlage der Balfour-Declaration spricht der Völkerbund Großbritannien das Mandat über Palästina zu. Die Zionisten fordern die sofortige Verwirklichung des Nationalheims, doch London zögert. Die Araber fühlen sich hintergangen und reagieren mit blutigen Ausschreitungen gegen die jüdische Einwanderung. Die Juden bilden Selbstschutz-Einheiten.

Die zionistische Führung verlor keine Zeit, die durch die Balfour-Declaration geschaffenen Bedingungen praktisch zu nutzen. Noch vor Kriegsende traf eine Delegation in Palästina ein, und im Juli 1918 wurde in Jerusalem der Grundstein für die Hebräische Universität gelegt.

Etwa gleichzeitig wandte sich Weizmann an Emir Feisal, um eine Einigung zu erzielen. Bei einem Treffen in Akaba am Roten Meer kam es zur ersten und leider bisher einzigen Verständigung zwischen den beiden nationalen Bewegungen. Die Araber, so versicherte Feisal, verfolgten wohlwollend zionistische Bestrebungen zum Vorteil aller im Heiligen Land.

Zu der ins Auge gefaßten Koexistenz — Palästina den Juden, Syrien den Arabern — sollte es jedoch nicht kommen. Die kühnen Hoffnungen wurden spätestens bei der Pariser Friedenskonferenz von der harten Realität überholt. Feisal mußte erkennen, daß Frankreich nicht bereit war, auf seine Einflußsphäre in Syrien zu verzichten.

Einige Zwischenfälle genügten der französischen Regierung, um in Syrien militärisch zu intervenieren. Nach heftigem Widerstand wurde Feisal aus seinem kurzlebigen Königreich vertrieben.

Die Demütigung eines Verbündeten brachte die britische Regierung in Verlegenheit. Sie versuchte zu retten, was zu retten war. Im April 1920 hatte der neugeschaffene Völkerbund bei der Konferenz von San Remo auf Grund der Balfour-Declaration Großbritannien das Mandat über Palästina (einschließlich Transjordanien) zugesprochen. Und gerade das Ostjordanland sollte nun die Araber (zusammen mit dem ebenfalls von den Briten besetzten Irak) entschädigen. So wurde Feisal die Krone des Irak übertragen, die ursprünglich seinem Bruder Abdallah zugedacht war. Diesem wurde wiederum — vorerst inoffiziell und ohne Einschaltung des Völkerbundes — Transjordanien als Teil des Mandats zugesprochen.

Künftige Konflikte konnten indes durch diesen Kompromiß nicht aus der Welt geschafft werden.

Und auf Seite der Zionisten lehnte der harte Kern um Wladimir Jabotinsky den Verzicht auf Transjordanien — von der Mehrheit nolens volens hingenommen — kategorisch ab.

All das spielte sich vor dem Hintergrund einer weiteren jüdischen Einwanderungswelle, der sogenannten „dritten Alijah", ab, die durch die Judenverfolgungen während des Russischen Bürgerkriegs ausgelöst worden war. Gleichzeitig kamen auch zahlreiche Pioniere ins Land, was den Gemeinschaftssiedlungen starken Auftrieb gab. Bis zum

Herbst 1918 gab es bereits 29 dieser „Kibbuzim" gegenüber 11 vor dem Krieg. Bis 1920 stieg die Zahl auf rund 100. Sie waren ein absolutes Novum. Das Leben verlief auf kollektiver Basis — allerdings rein freiwillig, sehr zum Unterschied zu den sowjetischen Kolchosen. Daneben gab es natürlich auch private und genossenschaftliche Siedlungen.

In den ersten Jahren nach dem Krieg kamen durchschnittlich 8.000 Juden, vorwiegend aus Rußland, ins Land. Sie waren sicher ein wichtiges Element beim Aufbau des Nationalheimes, doch es war nicht jene Masseneinwanderung, welche die britische Regierung gezwungen hätte, ihr Versprechen vom jüdischen Nationalheim sofort einzulösen.

Und gerade die britische Mandats-Regierung ging mit der Zeit dazu über, die zionistischen Aktivitäten zumindest zu hemmen. Offiziell bekannte sich London noch immer zur Balfour-Declaration, und im Juli 1920 wurde als schöne Geste der damals bekannteste jüdische Politiker Englands, Sir Herbert Samuel, zum ersten Hochkommissar ernannt.

Von den Juden Palästinas wurde der „erste jüdische Regent des Landes seit Bar Kochba" wie ein Messias empfangen. Diese hochgeschraubten Erwartungen wurden jedoch rasch enttäuscht. Samuel hielt sich streng an seine Anweisungen aus London und neigte eher dazu, die Araber zu bevorzugen.

Diese hatten sich rasch vom Schock der Ernennung Samuels erholt und entfachten nun ihrerseits eine rege nationalistische Aktivität, die sich in erster Linie gegen die jüdische Einwanderung und Landkäufe durch Juden richtete.

Die Landkäufe — beziehungsweise -verkäufe — waren bald zu einem Politikum geworden. Große landwirtschaftlich nutzbare Flächen befanden sich nämlich nicht im Besitz der Fellachen, die sie bebauten, sondern städtischer „Effendis", die zum Teil nicht einmal im Land, sondern im Libanon lebten. Und diese zeigten keine Skrupel, wenn es darum ging, ihr Land zu Traumpreisen an den Jüdischen Nationalfonds zu verkaufen.

Die Bauern, die den Boden bearbeiteten, wurden dabei nicht konsultiert. Und so mußte es zu Konflikten mit den neuen Besitzern kommen, auch wenn diese den Fellachen finanzielle Entschädigung anboten.

Die „Bauernvertreibung" wurde von der arabischen Presse weidlich ausgeschlachtet, sodaß ein gedeihliches Zusammenleben bald unmöglich wurde. Nicht zuletzt, weil die „getrennte Entwicklung" den Mandatsbehörden in ihre „Teile-und-herrsche-Politik" paßte.

Die arabischen Extremisten sahen darin ihre Chance. Schon während der Konferenz von San Remo war es zu Angriffen auf ungeschützte jüdische Stadtviertel gekommen. In den folgenden Jahren häuften sich die Zwischenfälle.

Als Reaktion auf diese Unruhen forderte der Hochkommissar nicht etwa Truppenverstärkungen an, sondern suspendierte einseitig die jüdische Einwanderung. Diese Maßnahme wurde vom britischen Kolonialminister Winston Churchill annulliert, aber die Flitterwochen zwischen Samuel und dem Jischuw waren zu Ende.

Und Samuel beging noch einen weiteren Fehler: Der Mufti von Jerusalem, geistiges Oberhaupt der Moslems, war gestorben, und verschiedene Kandidaten bewarben sich um die Nachfolge. Darunter ein ehemaliger türkischer Militärprediger namens Hadsch Amin el Husseini, der sich als Hetzer gegen die Juden einen gewissen Ruf erworben hatte. Ihn hatten die islamischen Notabeln an letzter Stelle gereiht, doch Samuel setzte sich darüber hinweg, in der Hoffnung, den Extremisten durch ein verantwortungsvolles Amt zu bändigen.

Genau das Gegenteil war der Fall. Vom Tag seiner Ernennung an hetzte Hadsch Amin gegen Juden und Briten. Woran sich auch nichts änderte, als ihn Samuel noch zum „Groß-Mufti" beförderte.

Auch in London sanken die Aktien der Zionisten. Nicht nur, daß die britische Regierung die Zahl der Einwanderer von der „wirtschaftlichen Aufnahmefähigkeit des Landes" abhängig machte (die sie selbst bestimmte), wurde 1922 Transjordanien auch formell von Palästina getrennt.

Die jüdische Führung mußte sich wohl oder übel damit abfinden, wofür sie einige Zugeständnisse erhielt. Sogar Jabotinsky stimmte anfänglich zu, überlegte es sich aber bald und gründete seine eigene, die Revisionistische Partei, die weiterhin für einen Judenstaat zu beiden Seiten des Jordan eintrat.

Als Samuel 1925 das Land verließ, weinte ihm niemand nach. Dennoch war seine „Regentschaft" eine wichtige Periode des Aufbaus für den Jischuw. So wurde etwa 1925 mit 30.000 Einwanderern ein einmaliger Rekord für diese Zeit erzielt.

Aber auch die arabische Bevölkerung profitierte vom Aufbau des Landes. In absoluten Zahlen (nicht Prozenten der Gesamtbevölkerung) war die arabische Zuwanderung sogar größer als die jüdische, vom natürlichen Zuwachs ganz zu schweigen.

Samuels Nachfolger, Feldmarschall Lord Plumer, war kein Politiker, sondern Berufssoldat. Ihn ließen die Drohungen des Groß-Mufti kalt, und innerhalb kurzer Zeit stellte er die Ruhe im Land wieder her. Leider war sein Nachfolger, Sir John Chancellor, wieder ein Zauderer, und der Mufti erkannte dies sofort. Am 23. April 1929 brachen die bisher schwersten Unruhen aus, ausgelöst durch einen Streit um die Jerusalemer Klagemauer, den letzten Rest des herodianischen Tempels. Die jüdischen Siedler hatten inzwischen gelernt, sich zu verteidigen, aber die Bewohner der verschiedenen städtischen Ghettos — die nichts mit den Zionisten zu tun haben wollten — waren den Fanatikern schutzlos ausgeliefert, da die Polizei kaum in Erscheinung trat. Allein in Hebron wurden mehr als 60 Juden getötet. Worauf die britische Regierung eine Untersuchungskommission ins Land schickte, die wohl den Mufti für die Unruhe verantwortlich machte, diese aber auf „berechtigte Befürchtungen“ der Araber zurückführte. Danach ermittelte eine weitere Kommission die wirtschaftlichen Möglichkeiten Palästinas und befand, diese seien in Hinblick auf die jüdische Einwanderung bereits erschöpft.

Der Völkerbund lehnte diese Schlußfolgerungen ab, aber die britische Regierung verhängte 1930 einen neuerlichen Einwanderstopp.

Als Protest gegen die Haltung Londons trat Chaim Weizmann von allen seinen Ämtern in der „Jewish Agency", der offiziellen Vertretung der jüdischen Interessen in Palästina, zurück, worauf sich der damalige Premierminister Ramsay McDonald unter dem Druck der Öffentlichkeit zu einem „klärenden Brief" an Weizmann entschloß, in dem Großbritanniens Verpflichtungen gegenüber den Juden neuerlich betont wurden. Weizmann blieb im Amt, aber beim 17. Zionistenkongreß in Basel wurde er nicht mehr zum Präsidenten der Weltorganisation gewählt.

Die Juden in Europa nahmen diese Entwicklung nur am Rande wahr, denn inzwischen war ihrem ganzen Volk eine neue, tödliche Gefahr erwachsen: Anfang 1933 war Adolf Hitler in Deutschland an die Macht gelangt und hatte sofort eine judenfeindliche Kampagne entfacht. Unmittelbare Folge war eine neue Auswanderungswelle, die sich zu einem beträchtlichen Teil in Richtung Palästina wandte.

Die „fünfte Alijah", diesmal aus Deutschland, brachte dem Jischuw vorerst bedeutende Vorteile. Erstmals kamen viele hochqualifizierte Fachleute ins Land, die — zumindest in den ersten Jahren -- noch einen Teil ihres Vermögens mitbringen konnten. (Die „vierte Alijah" war in den späten zwanziger Jahren vorwiegend aus Polen gekommen.)

Die Araber reagierten indessen mit offener Schadenfreude auf die Judenverfolgung im Dritten Reich, nicht aber auf die wachsende Einwanderung (1935: 62.000), wiewohl diese auch ihnen materielle Vorteile brachte.

Die wachsende Spannung in Palästina war klar erkennbar, doch die Briten sandten keine Verstärkung. Im April 1936 formierte sich das „Hohe Arabische Komitee“ unter Vorsitz des Mufti, das sich forthin als Allein-Vertretung der Araber bezeichnete. Ultimativ wurde die totale Einstellung der Einwanderung gefordert, und als London dies ablehnte, rief der Mufti zu einem Generalstreik auf, der sechs Wochen andauerte. Gleichzeitig weiteten sich die Unruhen zu einem Guerillakrieg aus.

Darauf entsandte London wieder einmal eine „Royal Commission“ unter Lord Peel nach Palästina. Diese beschränkte sich jedoch nicht auf leere Phrasen, sondern schlug in ihrem am 7. Juli 1937 veröffentlichten Bericht die formelle Teilung des Landes vor. Galiläa und die Küstenebene bis Tel Aviv sollte an die Juden, der Rest des Landes an die Araber gehen. Jerusalem sollte unter britischer Verwaltung bleiben.

Dieser Plan löste beim 20. Zionistenkongreß im August des gleichen Jahres eine weitere Spaltung aus. Die Sozialisten, kurz „Mapai“ genannt, und die gemäßigten „Allgemeinen Zionisten“ akzeptierten die Teilung getreu dem Grundsatz „besser als gar nichts“. Die radikalen Links- und besonders aber die Rechtsparteien lehnten erbittert ab. So wie, erwartungsgemäß, die Araber.

In den folgenden Monaten verschärfte sich der Kleinkrieg in Palästina — nicht nur gegen Juden und Briten, sondern auch gegen gemäßigte Araber. Mehr als 1.000 wurden von ihren eigenen Volksgenossen getötet.

Endlich entschloß sich London, durchzugreifen. Truppenverstärkungen trieben die Aufständischen in die Berge, das „Hohe Arabische Komitee“ wurde aufgelöst; seine Führer verbannt. Nur der Mufti versteckte sich im Jerusalemer Tempelbezirk, von wo er sich später nach Syrien absetzte.

Während der Unruhen waren die Juden weitgehend sich selbst überlassen. Der Ausbau bereits bestehender Selbstschutz-Einheiten wurde nun vorangetrieben, wobei sich die militärische Führung auf reine Verteidigung beschränken wollte, die Revisionisten jedoch mit ihrer neugegründeten Militärorganisation „Irgun Zvai Leumi“ (Nationale Militärorganisation) für „aktive Vergeltung“ plädierten.

Die Briten hatten bislang die Bewaffnung der Juden, zumindest offiziell, verhindert. Als jedoch der arabische Aufstand ausbrach, begannen sie den Juden bei der militärischen Ausbildung zu helfen. Diese Aufgabe wurde einem Mann überlassen, der in Israel noch heute sagenhaftes Ansehen genießt: Captain Orde Wingate. Er lehrte die Juden eine neue Offensivtaktik, die sich grundsätzlich von den Terroranschlägen des Irgun unterschied, und legte damit die Grundlagen für das erste jüdische Heer seit Bar Kochba.

Das harte Durchgreifen der Briten beschränkte sich indessen auf das Militärische. Politisch erwies sich die Regierung Neville Chamberlain gegenüber den Arabern ebenso nachgiebig wie bei ihren Verhandlungen mit Hitler.

Zuerst wurde der Peel-Plan bis zur Unkenntlichkeit verwässert. Danach berief London eine „Konferenz am runden Tisch“ ein, die diesen Namen nicht verdiente, weil die Araber mit den Juden nicht an einem Tisch zusammensitzen wollten.

Dann aber fiel der härteste Schlag gegen das jüdische Nationalheim: In einem „Weißbuch“ verkündete die britische Regierung eine Beschränkung der jüdischen Einwanderung in den folgenden fünf Jahren auf insgesamt 75.000 Personen. Danach sollte die Einwanderung völlig gestoppt und nach weiteren fünf Jahren ein palästinensischer — sprich arabischer — Staat errichtet werden.

Paradoxerweise lehnten auch die Araber das einmalig günstige Angebot ab, vielleicht weil sie bereits mit einem Sieg Hitlers in dem unvermeidlich erscheinenden Krieg rechneten und von den Briten keine Geschenke mehr annehmen wollten.

Der Zweite Weltkrieg naht, und Großbritannien nimmt eine eindeutig antizionistische Haltung ein, um die Araber zu beschwichtigen. Die Klage der Verfolgten in Hitlers Europa findet kein Echo. Dennoch gelingt es den Juden, in Palästina ein staatsähnliches Gebilde aufzubauen.

Vom Holocaust zum Judenstaat

Im Krieg kämpfen die Juden Palästinas auf seiten der hartbedrängten Alliierten, wenngleich Großbritannien weiterhin die Grenzen Palästinas für Nazi-Verfolgte verschließt. Daraufhin gehen jüdische Extremisten zum Untergrundkrieg gegen die Mandatsmacht über. Der sich abzeichnende Holocaust verstärkt die Entschlossenheit der Juden, einen Staat zu bilden.

Am 1. September 1939 fiel Adolf Hitler in Polen ein und löste damit die größte Katastrophe in der Geschichte des jüdischen Volkes aus.

Die Führung des Jischuw befand sich in einer Zwangslage. Noch immer empört über das Weißbuch, war es den verantwortungsbewußten Politikern dennoch klar, daß man England nicht mit dem Todfeind gleichsetzen konnte. David Ben Gurion, der sich immer mehr als Haupt der Zionistischen Bewegung profiliert hatte, formulierte es so: „Wir werden den Krieg führen, als gäbe es kein Weißbuch, und das Weißbuch bekämpfen, als gäbe es keinen Krieg."

Ben Gurions Haltung fand weitreichende Billigung. Sogar der radikale „Irgun Zvai Leumi" bot der Mandatsmacht einen Waffenstillstand und Hilfe im Kampf gegen Hitler an. Nur eine damals winzige Splittergruppe innerhalb des Irgun unter Abraham Stern sah Großbritannien und nicht Hitler als den Hauptfeind an und wollte sich sogar mit Hitler verbünden — sollte er die Schaffung eines Judenstaates in Palästina nach dem Krieg garantieren.

Solange der Waffenstillstand zwischen Briten und Irgun andauerte, gab es jedenfalls keinen jüdischen Untergrundkampf — sieht man von der illegalen Einwanderung und dem Anlegen geheimer Waffenlager für den „Tag X" ab.

Die Einwanderung war die wichtigste Waffe der Juden im Kampf gegen das Weißbuch. Für die europäischen Nazi-Opfer gab es nur einen noch halbwegs offenen Fluchtweg: über die Donau in den rumänischen Hafen Konstanza, wo man für Geld alles kaufen konnte. In vielen Mittelmeerhäfen — noch befand sich Italien nicht im Krieg — wurden daher unauffällige kleine Frachter — zumeist rostzerfressene Seelenverkäufer — erworben und nach Konstanza dirigiert, wo sie hunderte, wenn nicht tausende Juden aufnahmen, bevor sie die gefährliche Reise ins Gelobte Land antraten.

Vor der Küste Palästinas wurden die meisten Schiffe von der Royal Navy abgefangen, die trotz des Seekriegs mit Deutschland noch immer Einheiten für diesen Zweck abzustellen wußte.

Einigen „Blockadebrechern" gelang es trotzdem, unmittelbar vor der Küste auf Grund zu gehen, wonach freiwillige Helfer die „Illegalen" an Land brachten. Die meisten wurden jedoch interniert und vor ihrer Freilassung sorgfältig von der mageren Einwanderungsquote abgezogen. Ab 1940 gingen die Briten dazu über, die „Illegalen" in ferne britische Kolonien zu deportieren.

Das Hauptaugenmerk der jüdischen Führung galt jedoch dem Krieg gegen Hitler. Von Anfang an wurde die Bildung jüdischer Kampfeinheiten gefordert, die Briten gestatteten jedoch nur unbewaffnete Pionierkompanien. Erst als die Kriegssituation ab 1940 für England kritisch wurde, durfte ein jüdisches Bataillon gebildet werden — mit einem arabischen Bataillon als Ausgleich, das jedoch nicht aufgefüllt wurde und nie in Kämpfe eingriff.

Für Palästina selbst wirkte sich der Krieg vorerst positiv aus. Praktisch von einem Tag auf den anderen endete der arabische Aufstand. Palästina war (ab 1940) zur wichtigsten Etapppe der ägyptischen Front geworden, und die Araber wußten, daß die Briten jetzt wirklich hart durchgreifen würden.

Kritisch wurde die militärische Lage erst, als sich die französischen Einheiten in Syrien nach dem Zusammenbruch des Mutterlandes auf die Seite der nazifreundlichen Vichy-Regierung schlugen.

Noch gefährlicher für Großbritannien — und indirekt auch für die Juden — war ein Putsch im Irak, der im Mai 1941 ein pronazistisches Regime unter Raschid Ali an die Macht brachte. Dieser feierte seinen Coup mit einem Judenpogrom in Bagdad und begann gleichzeitig, die britischen Stützpunkte im Land zu blockieren. Die treibende Kraft des Putsches war übrigens kein anderer als der Mufti, der sich zuvor in den Irak abgesetzt hatte.

Die Briten mußten nun militärisch eingreifen, zum Schutz der irakischen Ölfelder und der Verbindung nach Indien. Dazu benötigten sie zusätzliche Truppen, ohne die nordafrikanische Front gegen die Italiener zu schwächen. Emir Abdallah von Transjordanien bot sofort seine von Briten befehligte „Arabische Legion“ an, aber zur weiteren Verstärkung mußten erstmals auch Juden herangezogen werden, die nicht formell den britischen Streitkräften angehörten. Darunter auch Kämpfer des Irgun, deren Anführer David Raziel bei einem Kommandounternehmen hinter den feindlichen Linien getötet wurde. Die Gegenwehr Raschid Alis brach rasch zusammen. Der Mufti floh nach Persien weiter.

Danach wurde mit den Vichy-Franzosen in Syrien abgerechnet, diesmal mit Hilfe der größten jüdischen Militärorganisation, der „Hagana“ (Verteidigung). Unter den Hagana-Leuten befand sich ein gewisser Mosche Dayan, ein Veteran der von Orde Wingate ausgebildeten Einsatztruppen, der bei den damaligen Kämpfen gegen die Franzosen ein Auge verlor.

Am 22. Juni 1941 fiel Hitler in die Sowjetunion ein, wodurch diese zum Verbündeten Englands wurde.

Damit war eine Landverbindung zwischen den beiden Hauptmächten der Anti-Hitler-Koalition notwendig geworden, die nur über Persien führen konnte, dessen nazifreundlicher Schah Reza nur geringen Widerstand leistete. Hadsch Amin el Husseini, der Groß-Mufti, mußte weiterfliehen, diesmal direkt zu Hitler, den er — so meint zumindest Simon Wiesenthal — dazu überredete, von seiner Politik der Vertreibung der Juden abzugehen und zu deren physischer Vernichtung zu schreiten.

Trotz aller Geheimhaltung auf deutscher Seite drang die Nachricht von der verschärften Judenverfolgung ins Ausland. Spätestens im August 1942 wußte man im Westen, daß es sich um eine Ausrottungskampagne handelte, doch wollte vorerst niemand an das wahre Ausmaß glauben.

Umso stärker wuchs der Strom jüdischer Flüchtlinge an, die über Rumänien irgendwie das rettende Ufer Palästinas erreichen wollten. Eines der Flüchtlingsschiffe, die „Struma“, wurde im Februar 1942 im Schwarzen Meer mit allen Passagieren versenkt, nachdem ihr die Türken — auf Verlangen der Briten — die Weiterfahrt ins Mittelmeer verweigert hatten.

Der Untergang der „Struma“ brachte eine Zäsur in der Beziehung zwischen den Briten und dem Jischuw; besonders der Irgun Zvai Leumi ging nun zu einem Untergrundkrieg gegen die Mandatsbehörden und deren Einrichtungen über.

Der Winter 1942/43 brachte die große Wende des Krieges in Rußland und Nordafrika, aber gleichzeitig setzte der Holocaust erst richtig ein.

Nun, da die akute Gefahr im Nahen Osten gebannt war, hätte London zumindest humanitäre Schritte setzen können, was die Einwanderung der wenigen Überlebenden des Holocaust nach Palästina betraf. Aber nichts dergleichen geschah. Die Aktionen des Irgun und der noch immer bestehenden Stern-Gruppe (ihr Anführer war 1942 erschossen worden) häuften sich, wobei sich der Untergrundkampf vom Terrorismus kaum noch unterscheiden ließ.

Die Briten griffen nun ihrerseits zu Notstandsgesetzen, um die Verhaftung und Deportation echter und auch angeblicher Terroristen ohne juristischen Prozeß zu ermöglichen. Dabei richteten sich die

Aktionen nicht nur gegen Extremisten, sondern auch gegen die gemäßigte Hagana, die bislang den Terror verurteilt hatte. Diese britischen Notstandsgesetze sind übrigens noch in Kraft und werden von den israelischen Behörden gegen arabische Untergrundkämpfer oder Oppositionelle angewendet.

Die jüdische Führung kämpfte indessen weiter in gesetzlichen Bahnen und trat besonders für die Verstärkung der jüdischen Einheiten in der britischen Armee ein. 1944 wurde endlich die Bildung einer jüdischen Brigade gebilligt.

Wichtigste Verbündete der Juden waren zu jenem Zeitpunkt bereits die USA. 1944 forderte der US-Kongreß freie Einwanderung nach Palästina, und Präsident Franklin D. Roosevelt sprach sich offen für ein „Jüdisches Commonwealth" aus. Aber auch er erwies sich als unsicherer Kantonist: gleichzeitig hatte er König Ibn Saud versprochen, nichts gegen die Interessen der Araber zu unternehmen.

Nach Kriegsende wurde das unvorstellbare Ausmaß des Holocaust offenkundig. Die unmittelbare Sorge jüdischer Weltorganisationen galt vorerst den Überlebenden, die in europäischen Flüchtlingslagern vegetieren mußten. Und deren Zahl stieg noch an, als Tausende von Juden erkennen mußten, daß sie in ihren „befreiten" Heimatländern, wie z. B. Polen, nicht mehr willkommen waren. Westliche Länder, allen voran die USA, waren aber nicht bereit, mehr als nur einen kleinen Teil aufzunehmen. Es blieb also nur Palästina — und dessen Tore waren verschlossen.

Appelle an die Humanität der Araber stießen

ebenfalls auf taube Ohren. Diesen waren schon die 75.000 im Weißbuch gestatteten Einwanderer zuviel. Sie stellten sich auf den — von ihrer Warte aus betrachtet — verständlichen Standpunkt, sie hätten die europäischen Juden nicht verfolgt und hätten keine Verpflichtung gegenüber den Nazi-Opfern.

Noch aber hofften die Juden auf einen Meinungswandel in London, wo im Juli 1945 die als zionistenfreundlich bekannte Labour Party ans Ruder gekommen war.

Sie hofften insbesondere, daß ihr alter Freund Hugh Dalton das Außenministerium übernehmen würde, doch schließlich ging dieses Ressort an den bisherigen Arbeitsminister Ernest Bevin.

Ob Bevin persönlich Antisemit war oder nicht, ist bis heute umstritten; klar ist jedoch, daß er von der Nahostpolitik nichts verstand und sich daher auf die „Experten" des Foreign Office verließ. Diese waren ausnahmslos „Arabisten".

Auf ihr Anraten war Anfang 1945 in Kairo die „Arabische Liga" ins Leben gerufen worden. Diese Organisation sollte den Einfluß Englands im arabischen Raum in der Nachkriegszeit sichern, nachdem die Briten zuvor die Franzosen aus Syrien und dem Libanon verdrängt hatten.

Jedenfalls stellte sich die neue Regierung gegenüber den Juden taub.

Ende 1945 gab Bevin erstmals Einzelheiten seiner Palästina-Politik bekannt: die jüdischen Überlebenden sollten ihre Energie dem Wiederaufbau Europas widmen. Als Konzession gegenüber dem neuen US-Präsidenten Harry Truman war Bevin aber bereit, eine anglo-amerikanische Untersuchungskommission nach Palästina zu entsenden.

Diese paritätisch zusammengesetzte Kommission wurde rasch gebildet, und Bevin versprach den Mitgliedern, ihre Empfehlungen, falls sie einstimmig ausfallen sollten, in die Tat umzusetzen.

Die Kommission kam, sah und legte am 30. April 1946 einen Bericht vor, der Bevins Palästinapolitik bis in die Grundfesten erschütterte: Sofortige Aufnahme von 100.000 jüdischen Überlebenden wurde gefordert und — längerfristig — die Errichtung eines binationalen Staates in Palästina.

Die Ablehnung durch die Araber war vorauszusehen, aber plötzlich wollte sich auch Bevin an sein Versprechen nicht mehr erinnern. Dabei ist die Ironie des Schicksals nicht zu übersehen: Ein nominell binationaler Staat ist heute genau das, was die Palästinenser zu ihrem Ideal erklärt haben.

Nach Bevins „Nein" wurde die Spannung im Heiligen Land unerträglich. Keine Woche verging ohne Landungsversuche von illegalen Einwanderern oder Anschlägen auf britische Installationen. Die Mandatsbehörden reagierten am 29. Juni 1946 mit der Verhaftung aller jüdischen Anführer, derer sie habhaft werden konnten. Ben Gurion entging ihnen, weil er sich gerade im Ausland befand. Und Chaim Weizmann wollte London nicht antasten.

Der Schlag ging völlig ins Leere, und die inhaftierten Politiker mußten bald freigelassen werden. Das Vakuum an der Spitze gab jedoch dem Irgun, unter dem Kommando von Menahem Begin, die Gelegenheit, die Initiative an sich zu reißen.

Am 22. Juli 1946 sprengte ein Kommando des Irgun einen Flügel des Jerusalemer King-David-Hotels, in dem die britische Militär- und Zivilverwaltung untergebracht war, in die Luft. Begin behauptete später, die Briten telephonisch gewarnt zu haben. Angesichts der hohen Zahl ziviler Opfer löste die Aktion jedoch allgemeine Empörung im Land aus. Und sie wurde von den Behörden für ein noch härteres Vorgehen ausgenutzt.

So sehr die Terroranschläge indes die Regierung auch treffen mochten, sie waren nur Nadelstiche, verglichen mit der weltweiten Empörung, die Londons andauerndes brutales Vorgehen gegen die illegale Einwanderung auslöste.

Am 14. Februar 1947 kapitulierte Bevin und überließ die Lösung des Problems den UN. Trotzdem ließen die Anschläge nicht nach. Im Mai wurden erstmals vier jüdische Terroristen hingerichtet, worauf der Irgun zwei britische Geiseln tötete.

Etwa zur gleichen Zeit traten in New York die Vereinten Nationen zu einer Sondersitzung zusammen und beschlossen, eine Untersuchungskommission, bestehend aus elf Staaten (UNSCOP — „United Nations Special Committee on Palestine“), ins Krisengebiet zu entsenden. Niemand wußte, was der Ausschuß empfehlen würde, war er doch paritätisch aus juden- und araberfreundlichen Delegierten sowie Neutralen zusammengesetzt. Den größten Eindruck hinterließ jedoch die Rede des sowjetischen Vertreters Andrej Gromyko vor der Generalversammlung, der sich deutlich zugunsten der jüdischen Anliegen aussprach.

Die Araber beschlossen, UNSCOP zu boykottieren, der Irgun dagegen verkündete eine „Waffenruhe“ während der Anhörungen in Jerusalem. Die illegale Einwanderung ging jedoch weiter. Im Juli wurde die bis dahin größte Flüchtlingsgruppe vor der Küste Palästinas in ihrem Schiff „Exodus“ von den Briten gewaltsam „gekapert“, wobei es mehrere Tote gab. London beschloß nun, ein Exempel zu statuieren: Die Neuankömmlinge sollten nicht mehr wie bisher in Zypern interniert, sondern nach Frankreich zurückgebracht werden, wo sie das Schiff bestiegen hatten. Als die Ladung menschlichen Elends in Port de Buc bei Marseille angekommen war, weigerten sich die Franzosen, einer gewaltsamen Ausschiffung zuzustimmen. Daraufhin begingen die Briten einen geradezu unvorstellbaren politischen und psychologischen Fehler: Sie ließen die Überlebenden des Holocaust in die britische Besatzungszone Deutschlands überführen.

Dies löste naturgemäß eine gewaltige Protestlawine aus, die ihren Einfluß auf die UN-Untersuchungskommission nicht verfehlte. Nach einem Kurzbesuch in Beirut, wo die Araber dann doch aussagten, flog die Kommission nach New York zurück, um ihren Bericht auszuarbeiten.

Dieser wurde im August der Generalversammlung übergeben. Die Mehrheit sprach sich für eine Teilung Palästinas in einen jüdischen und einen arabischen Staat aus.

Als die Generalversammlung im September neuerlich zusammentrat, unterstützten sowohl die USA als auch die UdSSR den Teilungsplan. Frankreich zögerte, und Großbritannien zog sich auf seinen „Nach uns die Sintflut"-Standpunkt zurück.

Die entscheidende Frage war nun, ob der Teilungsplan gegen den erbitterten Widerstand der Araber und ihrer Verbündeten im asiatischen Raum die erforderliche Zweidrittelmehrheit erringen würde. Ein gewaltiges Ringen setzte um jede einzelne, noch nicht definitiv vergebene Stimme ein. Schließlich stimmte die Generalversammlung am 29. November 1947 mit überwältigender Mehrheit für die Teilung Palästinas.

Nach fast zwei Jahrtausenden war das Ende jüdischer Staatenlosigkeit in Sicht.

Der Holocaust hat sechs Millionen Juden das Leben gekostet. Dennoch rückt London von seiner proarabischen Politik nicht ab. Der Untergrundkrieg in Palästina verschärft sich, bis Großbritannien die Lösung des Problems den Vereinten Nationen überläßt. Die Generalversammlung beschließt die Teilung des Landes in einen jüdischen und einen arabischen Staat.

Israels Wiedergeburt

Sofort nach Annahme des UN-Teilungsplanes brechen in ganz Palästina Unruhen aus. Der jüdische Selbstschutz wird zu einer Schattenarmee. Nach Abzug der Briten fallen die regulären Streitkräfte der arabischen Staaten im Land ein, um den Judenstaat zu vernichten. Doch die frischgebackenen „Israelis" behalten die Oberhand.

Die Vereinten Nationen hatten an ihren Teilungsplan zahlreiche Bedingungen geknüpft. Das UNSCOP-Papier wurde noch einmal zugunsten der Araber revidiert, in der Hoffnung, deren Widerstand zu mildern. Der vorgesehene Judenstaat sollte 55 Prozent des Mandatsgebietes erhalten, wovon allerdings zwei Drittel auf die praktisch unbewohnte Negev-Wüste entfielen. West-Galiläa und das gesamte zentrale Hochland von Judäa und Samaria sollten den arabischen Staat bilden, zusammen mit der Hafenstadt Jaffa als Enklave. Jerusalem und Bethlehem sollten eine internationale Zone unter UN-Verwaltung werden.

Großbritannien wurde aufgefordert, seine Truppen bis 1. August 1948 abzuziehen, aber schon bis 1. Februar dieses Jahres einen Hafen für jüdische Einwanderer zur Verfügung zu stellen.

Die friedliche Durchführung des Planes hing also von der Kooperationsbereitschaft Londons ab. Dies wäre den Briten umso leichter gefallen, als zu jenem Zeitpunkt mehrere zehntausend Soldaten und Polizisten im Lande stationiert waren.

Die britische Regierung lehnte jedoch von Anfang an jede Zusammenarbeit mit den Vereinten Nationen ab, was für die Araber geradezu als Aufforderung galt, die Teilung des Landes gewaltsam zu verhindern.

Während die Juden noch jubelten, riefen die Araber zu einem Generalstreik auf, der sofort in Gewalttaten ausartete. In Jerusalem stürzte sich der Mob auf das der Altstadt nächstgelegene jüdische Viertel — mit dem Schlachtruf „El Hukumeh ma'ana!“ (Die Regierung ist mit uns!). Und tatsächlich erschien kein Polizist oder Soldat auf der Bildfläche. Erst als der Mob versuchte, ins Zentrum der Stadt vorzudringen, und sich Hagana-Einheiten entgegenstellten, kreuzten die Ordnungshüter auf, um die verfeindeten Gruppen voneinander zu trennen.

Der Streik war ursprünglich mit drei Tagen befristet, doch die Unruhen dauerten darüber hinaus unvermindert an. Besonders betroffen waren die Bewohner „gemischter“ Städte, wie Jerusalem oder Haifa. Viele Einwanderer hatten während der ruhigen Jahre Wohnungen in arabischen Vierteln gemietet, die sie nun Hals über Kopf verlassen mußten. Dagegen wohnten nur wenige Araber in jüdischen Bezirken. Isoliert wurden auch jüdische Vororte Jerusalems, die durch arabische Viertel vom Zentrum getrennt waren. Dadurch waren die Bewohner, etwa auf dem Weg zur Arbeit, einem Spießrutenlauf ausgesetzt.

Wichtigstes Ziel der arabischen Kämpfer war es, die Schlagader des Landes, die Straße von der Küste nach Jerusalem, zu unterbrechen — ohne daß die britischen Truppen, die immerhin für die Sicherheit der Verbindungen noch immer verantwortlich waren, etwas dagegen unternommen hätten.

Die Mandatsregierung unternahm auch nichts, als die arabischen Freischärler vom Libanon und von Syrien aus Nachschub erhielten: sogar mittelschwere Artillerie, mit der sie jüdische Siedlungen unter Beschuß nehmen konnten.

Der eigentliche Kampf ging jedoch um die Straße nach Jerusalem. Sie verlief zum größten Teil durch arabisches Gebiet, wobei die Talenge Bab el Wad (Tor des Tales) ein richtiges Nadelöhr bildete. Jüdische Geleitzüge konnten die Straße nur in schlecht gepanzerten Fahrzeugen passieren, von denen viele „abgeschossen" wurden.

Während der Kämpfe wurde immer klarer, daß zumindest die britische Polizei mit den Arabern sympathisierte — verständlicherweise, war doch gerade sie in den letzten Jahren des Mandats eine Zielscheibe für jüdische Anschläge geworden.

Diese Ressentiments reichten bis in höchste britische Regierungsstellen. So entschied die britische Regierung kurzfristig, das Mandat schon am 15. Mai zurückzulegen, wodurch für eine geregelte „Hofübergabe" — besonders bei der geplanten Internationalisierung von Jerusalem — nicht mehr genügend Zeit blieb.

Nach der britischen Ankündigung verschärften sich die Kämpfe von Tag zu Tag. Gleichzeitig versuchten die zahlenmäßig schwächeren Juden — nach der letzten britischen Statistik lebten 650.000 Juden und 1,2 Millionen Araber im Land — dieses

Manko durch Waffenkäufe im Ausland wettzumachen. Die ersten Lieferungen aus der Tschechoslowakei trafen aber erst im April ein.

Zu jenem Zeitpunkt war die Straße nach Jerusalem noch immer hart umkämpft. Den Juden gelang es, den strategisch wichtigen Kastell-Hügel (benannt nach einem römischen Kastell) zu erobern, wobei der Oberkommandierende der Araber, Abdel Kader Husseini, ein Verwandter des Mufti, ums Leben kam. Die Straße konnte aber nur für einen einzigen Versorgungskonvoi offengehalten werden. Dann wurde sie wieder unterbrochen, und das jüdische Jerusalem war forthin eine belagerte Stadt.

Inzwischen führte der Irgun seinen eigenen Krieg. Seine Kämpfer attackierten das Dorf Deir Jassin bei Jerusalem. Als der erste Angriff blutig zurückgeschlagen wurde, liefen die Irgun-Kämpfer Amok, stürmten den Ort und richteten ein Blutbad an.

Die Araber zahlten schon wenige Tage später mit gleicher Münze zurück: Ein Geleitzug mit Wissenschaftlern, Ärzten und Krankenschwestern, der sich auf dem Weg zum isolierten Hadassah-Spital in Jerusalem befand, wurde abgefangen. Fast alle der Fahrzeuginsassen kamen ums Leben.

Juden und Araber reagierten auf diese Greueltaten völlig unterschiedlich. Während sich die Juden „einigelten", weil sie nirgendwohin hätten fliehen können, begannen die Araber das Kampfgebiet und sogar das Land zu verlassen.

Das war besonders im Norden des Landes der Fall. Zwischen Mitte April und Mitte Mai wurden die Hafenstadt Haifa und die meisten Städte Galiläas von den Juden erobert. Tel Avivs arabische Nachbarstadt Jaffa kapitulierte.

Aber auch die Juden mußten Rückschläge in Kauf nehmen. Am Höhepunkt der Kämpfe schlugen die USA unerwartet vor, die Teilung zu verschieben und Palästina einem Treuhandregime der UN zu unterstellen. Die Juden protestierten heftig, doch die Araber sahen sich bereits als Sieger. Am 16. April trat die UN-Generalversammlung zusammen, um Washingtons Vorschlag zu prüfen. Er fand jedoch keine Mehrheit.

Die Briten hatten indes noch eine weitere Überraschung parat. Anstatt das Mandat um Mitternacht des 14. Mai aufzugeben, verließen sie schon am Vormittag Jerusalem, wo prompt ein militärisches Chaos ausbrach.

Paradoxerweise hätten sowohl Juden als auch Araber an jenem Tag ganz Jerusalem erobern können. Die noch immer von Briten befehligte jordanische (Transjordanien hatte seinen Namen in „Jordanien" abgeändert) „Arabische Legion" hatte das Land vor Mandatsende nicht, wie versprochen, verlassen, sondern ihre Einheiten nördlich und südlich von Jerusalem konzentriert. Einem entschlossenen Angriff dieser Elite-Einheit mit Panzern hätten die Juden am 14. Mai kaum widerstehen können, doch verzettelten sich die Legionäre bei einem militärisch sinnlosen Angriff auf drei isolierte jüdische Siedlungen bei Hebron. Diese leisteten heldenhaften Widerstand, und als die Legion den Vormarsch auf Jerusalem aufnahm, hatten die Juden dort bereits eine Verteidigungslinie aufgebaut.

Aber auch die Juden verpaßten eine einmalige Chance. Nach Abzug der Briten griffen sie die arabischen Viertel außerhalb der Jerusalemer Altstadt an, ohne auf Widerstand zu stoßen. Als jedoch die schlecht ausgebildeten Freiwilligen der Hagana bei ihrem Vordringen unvermittelt auf die gigantischen zurückgelassenen Vorratslager der Briten stießen, vergaßen sie ihre militärische Aufgabe und begannen, die Depots auszuräumen. Jene jüdischen Einheiten, die bis zur Stadtmauer vorgedrungen waren, sahen sich plötzlich von der Etappe getrennt und konnten nicht einmal eine dauerhafte Verbindung zum abgeschnittenen Judenviertel der Altstadt herstellen, das nach einigen Wochen kapitulieren mußte. Und die arabischen Viertel nördlich der Altstadt wurden von der verspätet eingetroffenen Arabischen Legion zurückerobert.

Während die Kämpfe in Jerusalem tobten, kam es in Tel Aviv zu einem historischen Ereignis: Am Nachmittag des 14. Mai 1948 wurde im Stadtmuseum der Staat Israel ausgerufen. David Ben Gurion wurde Ministerpräsident. Alle Parteien außer dem Irgun (der sich fortan „Herut-[= Freiheits-]-Partei" nannte) und den Kommunisten waren in der ersten provisorischen Regierung vertreten.

Doch die arabischen Staaten waren ebenfalls nicht untätig geblieben. Am Morgen des 15. Mai fielen ihre regulären Armeen von Norden, Osten und Süden im Land ein. Solange sie arabische oder praktisch unbewohnte Gebiete passierten, stießen sie zügig vor. Eine ägyptische Kolonne kam entlang der Küste sogar bis auf 40 Kilometer an Tel Aviv heran. Gleichzeitig durchquerte eine zweite Kolonne die Negev-Wüste, zog in Beerscheba und Hebron ein und verstärkte die Arabische Legion am Südrand von Jerusalem.

Inzwischen hatten König Abdallahs Truppen das Kerngebiet Judäas und Samarias besetzt. In Galiläa stießen die Syrer, verstärkt durch Freischärler, indessen auf erbitterten jüdischen Widerstand.

Wie schon in den Wochen zuvor, wurde in Jerusalem am heftigsten gekämpft. Die abgeschnittenen jüdischen Viertel standen pausenlos unter Beschuß arabischer Artillerie. Ein Panzervorstoß der Legion aus dem Norden konnte buchstäblich in letzter Minute aufgehalten werden.

Die jüdischen Bewohner litten nicht nur an Hunger, sondern auch an Durst, da die Araber die Wasserleitung gekappt hatten. Glücklicherweise verfügten die älteren Häuser noch über Zisternen, deren Wasser mit Tankwagen verteilt wurde.

Ein Versuch des jüdischen Oberkommandos, die Straße nach Jerusalem freizukämpfen, wurde bei Latrun vereitelt. Da beschloß die Führung in Tel Aviv, eine alternative Route durch die unwegsamen Berge buchstäblich aus dem Boden zu stampfen. Diese konnte zumindest mit Jeeps befahren werden. Sie sollte als eine Art „Burma Road“ in die Geschichte eingehen.

Die Vereinten Nationen hatten sich darauf beschränkt, einen Waffenstillstands-Appell nach dem anderen auszusenden, die jedoch allesamt von den Arabern ignoriert wurden. Erst am 11. Juni 1948 trat eine Feuerpause in Kraft, die auf 30 Tage befristet war. Gleichzeitig wurde der schwedische Graf Folke Bernadotte zum UN-Vermittler ernannt und ein Waffenembargo über die Region verhängt.

In die Periode des ersten Waffenstillstands fiel auch Israels erste innenpolitische Krise. Natürlich ließen beide Seiten nichts unversucht, um das Waffenembargo zu umgehen. Die israelische Regierung war bei der Geheimhaltung recht erfolgreich, bis der Irgun lauthals verkündete, ein Schiff, die „Altalena", sei mit Waffen für die eigenen Kämpfer nach Israel unterwegs. Ben Gurion mußte nun rasch und entschlossen handeln. Erstens war ihm die offene Herausforderung der Vereinten Nationen peinlich, zweitens wollte er den Aufbau einer Privatarmee des Irgun mit allen Mitteln verhindern. Als die „Altalena" am 20. Juni bei Tel Aviv aufkreuzte, wurde sie von „Regierungstruppen" zerstört. Mehrere Irgun-Leute kamen dabei ums Leben.

Anfang Juli erklärten sich die Juden bereit, die Feuerpause zu verlängern, die Araber winkten jedoch ab. Das war ein kapitaler Fehler, denn innerhalb weniger Tage eroberten die Israelis Gebiete jenseits der Grenzen des UN-Teilungsplanes. So etwa die Stadt Lydda mit dem einzigen internationalen Flughafen des Landes. Nach nicht einmal zwei Wochen stimmten die Araber einer unbefristeten Feuerpause zu.

Während der ersten Feuerpause war Vermittler Bernadotte kurzfristig im Land eingetroffen und hatte sich sofort mit den Israelis zerstritten — als er nämlich vorschlug, sowohl Jerusalem als auch den Negev an die Araber abzutreten.

In Israel setzte daraufhin eine heftige Kampagne gegen Bernadotte ein. Bei seinem nächsten Besuch im September wurde der Graf von jüdischen Terroristen ermordet.

Der Anschlag wurde von der israelischen Regierung zwar verurteilt, die Mörder wurden aber niemals gefaßt. Ben Gurion nutzte die Gelegenheit, um die Privatarmeen, die in Jerusalem noch immer aktiv waren, ein für allemal aufzulösen. Noch besaß Israel kein einheitliches Staatsgebiet. Im Süden saßen noch immer die Ägypter und isolierten die jüdischen Siedlungen.

Bei der zweiten Feuerpause war Israel ausdrücklich das Recht zugesprochen worden, diese Siedlungen unter UN-Aufsicht zu versorgen. Die Ägypter nahmen jedoch am 15. Oktober einen Geleitzug unter Beschuß. Darauf hatten die Israelis nur gewartet. In einer Blitzoffensive warfen sie die Ägypter auf den Gaza-Streifen zurück und besetzten den ganzen Negev. Am 1. Jänner 1949 wurde auch die Hafenstadt Elath (damals aus zwei Hütten bestehend) unter israelische Kontrolle gebracht. Schon zuvor hatten die Israelis das ursprünglich dem arabischen Staat zugedachte West-Galiläa besetzt, nachdem arabische Freischärler dort versucht hatten, eine zweite Front zu errichten.

Den arabischen Staaten war nun die Kriegslust vergangen. Am 12. Jänner 1949 begannen auf der Mittelmeerinsel Rhodos vorerst räumlich getrennte Waffenstillstandsverhandlungen, zuerst mit Ägypten, dann mit dem Libanon, später mit Jordanien und schließlich mit Syrien. Bis zum 20. Juli waren alle Abkommen unter Dach und Fach, nicht zuletzt dank der hervorragenden Leistung des neuen UN-Vermittlers, des Amerikaners Ralph Bunche, der dafür den Friedens-Nobelpreis erhielt.

Durch die Verträge von Rhodos konnte Israel sein Gebiet wesentlich erweitern, nicht zuletzt weil die militärischen Fronten nun zu Landesgrenzen erhoben wurden. Jerusalem blieb weiter geteilt, weil sich die internationale Staatengemeinschaft vorerst nicht dazu aufraffen konnte, die Verantwortung zu übernehmen. Als die Frage der Internationalisierung später, besonders vom Vatikan, wieder aufs Tapet gebracht wurde, hatten sich Israel und Jordanien in ihren Hälften so fest etabliert, daß praktisch keine Schritte mehr unternommen werden konnten. Ganz im Gegenteil: Um das Gerede von der Internationalisierung zu beenden, machte Israel seine Hälfte — allen Protesten zum Trotz — zu seiner *ewigen Hauptstadt.*

Bei Einstellung der offenen Feindseligkeiten kontrolliert Israel ein Territorium, das vielfach über die Grenzen des Teilungsplanes hinausgeht. Der politische Konflikt bleibt trotz des Waffenstillstandes ungelöst. Hunderttausende von Arabern sind durch die Kampfhandlungen heimatlos geworden.

Die ersten zwanzig Jahre

Trotz des formell andauernden Kriegszustandes verzeichnet der neue Staat Israel eine rasante Aufwärtsentwicklung. Hunderttausende von Einwanderern werden innerhalb weniger Jahre integriert; die Wüste urbar gemacht. Doch der arabische Widerstand geht weiter. Nach Anschlägen und Vergeltungsaktionen kommt es 1956 wieder zu einem offenen Krieg.

Die Waffenstillstandsabkommen von Rhodos lösten in Israel eine Welle des Optimismus aus.

Daß die Chance nicht genutzt wurde, hatte verschiedene Gründe. Da war einmal das Problem der palästinensischen Flüchtlinge, das mit der Zeit zu einem unüberwindbaren Hindernis anwuchs.

Von Anfang an stritt man sich über die Zahl der Betroffenen, die von den Arabern hoch, von den Israelis niedriger angesetzt wurde. Nach arabischer Lesart waren die Flüchtlinge allesamt gewaltsam vertrieben worden. Die Israelis argumentierten jedoch, die arabische Führung hätte die Bevölkerung aufgefordert, „den Kriegsschauplatz freizumachen“, um dann nach dem Sieg in die alte Heimat und das eroberte Judenland zurückzukehren.

Die meisten befanden sich bei Ende der Kampfhandlungen in Lagern im jordanisch besetzten Teil Palästinas oder in den angrenzenden arabischen Staaten, die mit Ausnahme von König Abdallah nichts unternahmen, um die Lagerinsassen zu integrieren. Sie sollten vielmehr als Faustpfand bei künftigen Auseinandersetzungen mit Israel dienen.

Israel dagegen hatte ganz andere Sorgen. Das Verteidigungspotential mußte erhöht und die Masseneinwanderung forciert werden.

Die meisten Neuankömmlinge kamen aus europäischen Flüchtlingslagern, die tatsächlich innerhalb kurzer Zeit aufgelöst werden konnten, und auch aus den osteuropäischen Ländern (mit Ausnahme der UdSSR), die den Juden damals noch eine freie Auswanderung gestatteten. Außerdem kamen sie aus arabischen Ländern, wo nach dem Palästinakrieg antijüdische Ausschreitungen begonnen hatten. Bei der Auswanderung aus dem französisch kontrollierten Nordafrika ergaben sich keine Probleme. Die Juden aus dem Jemen — etwa 45.000 — mußten indes einen beschwerlichen Umweg über das britische Aden wählen. Noch geheimer kam die Emigration der irakischen Juden — etwa 150.000 — durch ein Abkommen mit den Machthabern in Bagdad zustande, während ägyptische Juden formell um Ausreise nach Westeuropa ansuchen mußten.

Insgesamt kamen bis Ende 1951 rund 685.000 Personen ins Land, davon 304.000 aus Osteuropa. Die Integration der Einwanderer, die bei ihrem Eintreffen entsprechend dem „Gesetz der Rückkehr" sofort den Israelis gleichgestellt wurden, verursachte gewaltige finanzielle Lasten, die nur mit ausländischer Hilfe — in erster Linie von den Juden der USA — getragen werden konnten.

Ebenso hoch war die Belastung durch das Verteidigungsbudget. Wohl oder übel mußte sich Israel auf die nächste Runde militärisch vorbereiten. Vorerst schlug Ben Gurion jedoch den diplomatischen Weg ein und suchte direkten Kontakt zu Jordanien, dessen König als einziger den Krieg mit territorialem Gewinn beendet und das arabische Gebiet westlich des Jordan annektiert hatte. Damit hatte er sich die Todfeindschaft der radikalen Palästinenser eingehandelt. In ihrer vordersten Linie stand der unermüdliche Mufti, der sich nach dem Krieg der Verhaftung durch die Alliierten entzogen und sich in Beirut niedergelassen hatte.

Abdallah erkannte natürlich die Gefahr, die ihm drohte, aber er versuchte ihr durch einen definitiven Frieden mit Israel entgegenzutreten. Einen Bundesgenossen fand er im libanesischen Ministerpräsidenten Riadh es Solh, doch wurde dieser, just als er Jordanien besuchte, ermordet.

Kurz danach fuhr Abdallah nach Jerusalem. Immer scharf bewacht, glaubte er sich bei einem Besuch der Heiligen Stätten sicher. Doch religiöse Tabus waren dem Mufti fremd. Am Eingang des Tempelbezirks wurde der König am 21. Juli 1951 von Agenten Husseinis erschossen.

Damit sanken die Aussichten auf einen Nahostfrieden wieder auf den Nullpunkt. Kein Araber wagte es in den folgenden zwei Jahrzehnten, mit Israel zu verhandeln. Inzwischen hatte sich auch die weltpolitische Konstellation in der Region grundlegend geändert. Die UdSSR hatte zunächst Israel unterstützt, in der Hoffnung, die Juden würden sich Moskau zuwenden. Israel orientierte sich indes an den USA, worauf der Kreml die Fronten wechselte und künftig die extremsten Araber unterstützte.

Die antisemitischen Schauprozesse in der Tschechoslowakei signalisierten diesen Bruch, und in den folgenden Jahren nahm Josef Stalins persönliche Judenfeindschaft geradezu paranoide Züge an. Erst der Tod des Diktators (1953) rettete die sowjetischen Juden vor einer neuen Verfolgungswelle — wiewohl der als Antizionismus getarnte linke Antisemitismus weiterhin die offizielle KP-Linie blieb.

Zu jener Zeit hatte sich Israels Innenpolitik auf ein System von Koalitionen der linken Mitte eingependelt. Die ersten Wahlen hatten mit einem Sieg der sozialistischen Mapai geendet. Darauf legte sich Ben Gurion auf eine Koalition mit der linkssozialistischen Mapam einerseits und den religiösen Parteien andererseits fest. Daran sollte sich jahrzehntelang nichts ändern, und die „Orthodoxen" konnten eine Position erobern, die ihr Wählerpotential (rund 15 Prozent) bei weitem übertraf.

In der Praxis bedeutete dies, daß den religiösen Parteien ein Vetorecht in Fragen eingeräumt wurde, die nur bei größter Nachsicht in den religiösen Bereich zugerechnet werden konnten. Es gab damit weiterhin keine Zivilehe, und die Orthodoxen erhielten ihr eigenes Schulsystem. Überdies wurden religiöse Mädchen vom Militärdienst befreit, ebenso Studenten religiöser Seminare.

Ungeachtet dieser bis heute ungelösten Probleme, war Israels erste Dekade eine Zeit des rasanten Aufstiegs in demokratischen Bahnen. Die landwirtschaftlich nutzbare Fläche wurde, nicht zuletzt durch Einbeziehung von Wüstengebieten, verdoppelt. Ein staatliches Erziehungssystem eliminierte den Analphabetismus bei den Einwandererkindern aus orientalischen Ländern. Und auf dem Gebiet des Gesundheitswesens wie auch im sozialen Bereich wurde westlicher Standard erreicht.

1953 gelang Ben Gurion ein außenpolitischer Durchbruch: das Wiedergutmachungsabkommen mit der Bundesrepublik Deutschland verschaffte neben den Spenden der Diaspora-Juden und der Wirtschaftshilfe der USA Israel ein drittes finanzielles Standbein.

Besorgniserregend blieb allerdings weiter die Sicherheitslage. Nach dem Tod Abdallahs hatte sich die Infiltration von Terroristen aus West-Jordanien verstärkt, während gleichzeitig andere Gruppen aus dem Gaza-Streifen (von Ägypten besetzt) israelisches Gebiet überfielen. Nach dem Sturz der ägyptischen Monarchie wurde in Gaza sogar eine „Regierung von ganz Palästina" unter der Führung von Mufti-Leuten gebildet.

Die Israelis reagierten auf diese Häufung von Anschlägen mit Vergeltungsaktionen gegen arabische Dörfer jenseits der Grenze, die den Infiltranten angeblich Unterschlupf gewährt hatten. Was zwangsläufig zu Opfern unter Zivilisten führen mußte.

Trotz der ohnehin schon ernsten Lage sorgte der alte Ben Gurion durch sein ungezügeltes Temperament zusätzlich für innenpolitische Turbulenzen. Nach einem Streit mit Parteifreunden demissionierte er und zog sich in seinen Wüstenkibbuz Sde Boker zurück. Nicht genug damit, behinderte er von dort aus seinen Nachfolger Mosche Sharett, bis er sich spontan entschloß, nach zwei Jahren wieder in die Politik zurückzukehren. Zuerst als Verteidigungsminister und dann wieder als Regierungschef.

Die Israelis waren erfreut, ihre Galionsfigur wieder zu haben, hatte sich doch inzwischen Ägypten unter Gamal Abdel Nasser zum gefährlichen Hauptfeind entwickelt.

Nassers Ziel war es, nicht nur Israel zu vernichten, sondern auch die Briten und Franzosen aus Nordafrika und dem gesamten Nahen Osten zu vertreiben. Was im Gegenzug zu einer „Unheiligen Allianz" zwischen London, Paris und Jerusalem führte. Dies geschah, nachdem der ägyptische „Rais" (Führer) den Suezkanal verstaatlicht hatte.

Am 29. November 1956 überschritten israelische Truppen die ägyptische Grenze auf der Sinai-Halbinsel und stießen blitzartig bis zur Suezkanal-Zone vor. Daraufhin forderten London und Paris ultimativ eine Feuereinstellung . Als Nasser ablehnte, fielen die Engländer und Franzosen „zum Schutz des Kanals" in Ägypten ein.

Da zur gleichen Zeit in Ungarn der Volksaufstand ausgebrochen war, hätte Moskau Nasser militärisch nicht helfen können. Dennoch verloren die Amerikaner — von Briten, Franzosen und Israelis hinters Licht geführt — die Nerven und zwangen die europäischen Verbündeten, ihre Kampfhandlungen einzustellen und sich danach mit totalem Gesichtsverlust aus Ägypten zurückzuziehen.

Die Israelis erwiesen sich als hartnäckiger. Sie wollten ihre Eroberungen erst aufgeben, nachdem ihnen der US-Außenminister John Foster Dulles versprochen hatte, eine UN-Friedenstruppe würde den Sinai und den Gaza-Streifen übernehmen. Ägypten stimmte dieser Regelung zu. Aber kaum hatten die UN-Blauhelme die Israelis ersetzt, kreuzten auch Nasser-Truppen auf und stellten den Status quo wieder her. Nur das Recht der freien Fahrt durch den Golf von Akaba zu Israels Hafen Elath wurde bestätigt.

Die arabischen Staaten hatten keinen Finger gerührt, um Ägypten zu helfen, und auch die Palästinenser hatten nur im Gaza-Streifen gekämpft. Nasser konnte sich daher als alleiniger Sieger betrachten. Und seine Ambitionen steigerten sich ins Maßlose.

Prompt stellte sich ein erster Erfolg ein: In Syrien hatte ein Putschregime das andere abgelöst, und 1958 sah sich der damalige „starke Mann“, ein Oberst Serraj, in Schwierigkeiten. Um dem — zumeist tödlichen — Schicksal seiner Vorgänger zu entgehen, bot er Nasser die Verschmelzung der beiden Länder an. Am 1. Februar 1958 wurde die „Vereinigte Arabische Republik“ ausgerufen, in der Syrien auf den Status einer Provinz hinabsank.

Durch die Union Syriens mit Ägypten sollte Israel in die Zange genommen werden. Zunächst aber waren es die beiden Haschemitenländer Jordanien und der Irak, die ins Trudeln gerieten, nachdem sie sich ihrerseits zu einer „Arabischen Union“ zusammengeschlossen hatten.

Nasser faßte dies als Herausforderung auf und initiierte prompt eine Verschwörung. Im Juli 1958 wurde das prowestliche Regime in Bagdad gestürzt. König Feisal II. und sein mächtiger Premier Nuri es-Said wurden brutal ermordet.

Allerdings kam auch Nasser selbst nicht zum Zug. Bagdads Putschgeneral Abdel Karim Kassem sah sich als zweiter Nasser und eliminierte seine Verbündeten — bis er selbst einige Jahre später ermordet wurde.

Der Hauptfeind Nassers blieb jedoch Israel. Zuerst rief er sowjetische Experten, dann auch sowjetische Truppen ins Land. Gleichzeitig heuerte er deutsche Wissenschaftler an, um Raketen für einen Vernichtungsschlag gegen den Judenstaat zu bauen. Es blieb ein Versuch mit untauglichen Mitteln, der aber den Israelis gehörig Angst einflößte.

Dabei litt der Judenstaat weiter unter innenpolitischen Turbulenzen. Ben Gurion hatte beschlossen, Mosche Dayan zu seinem Nachfolger aufzubauen. Als die Partei nicht mitziehen wollte, zog er sich endgültig nach Sde Boker zurück.

Premierminister wurde der eher farblose Finanzminister Levi Eshkol. Als Außenminister wählte dieser die Veteranin Golda Meïr, die alsbald zum „einzigen Mann“ im Kabinett wurde.

Aber Nasser hatte ebenfalls mit Schwierigkeiten zu kämpfen. Schon 1961 hatten die Syrer von der Bevormundung durch Kairo genug und warfen die ägyptischen Truppen aus dem Land.

Letztlich bahnte sich auch bei den Palästinensern eine Wachablöse an. Bislang hatte der Mufti Amin el Husseini von Beirut aus die Fäden gezogen. Das schloß jede Zusammenarbeit mit Jordanien aus, insbesondere nachdem König Hussein, der Enkel des ermordeten Abdallah, den Thron bestiegen hatte.

In dieser Situation begannen auch Ägypten und

Syrien sich nach neuen Palästinenserführern umzusehen. Die Idee einer „Palästinensischen Befreiungsorganisation“ (PLO) als Nachfolgerin der totgeborenen „Regierung von ganz Palästina“ im Gaza-Streifen wurde 1964 von Nasser bei der Gipfeltagung der Arabischen Liga durchgesetzt. Zum Führer wurde der aus Akko stammende Anwalt Achmed Schukeiry bestimmt, der sich zuvor politische Sporen in Diensten Saudi-Arabiens verdient hatte. Der Gründungskongreß der neuen Organisation fand im Mai 1964 in Jerusalem statt, sehr zum Mißfallen König Husseins, der es aber nicht wagte, sich der panarabischen Strömung zu widersetzen. Die Konferenz endete mit der Verabschiedung einer Charta, in der den Juden jegliche nationalen Rechte in Palästina abgesprochen wurden und die niemals eindeutig widerrufen wurde.

Die neue Bewegung wurde von Anfang an von Syrien abgelehnt, das sich prompt nach einer Gegenorganisation umsah. Diese glaubte Damaskus alsbald in einer Beiruter Gruppe gefunden zu haben, die unter der Führung des inzwischen weltweit bekannten Yassir Arafat stand.

Arafat hieß eigentlich Abdel Rahman Rauf al Kudwa el Husseini (geboren 1929 in Gaza oder Kairo) und entstammte einer Nebenlinie des Husseini-Clans. Den Vornamen Yassir erhielt er von seinem Lehrer Madjid Halabi (mit dem er ein sehr enges Verhältnis hatte) zum Gedenken an einen Yassir el Birah, den die Briten während des Krieges (beim Versuch, deutsche Waffen nach Palästina zu schmuggeln) getötet hatten.

Die Beiruter Gruppe nannte sich „Harakat Tahrir Falastin“ (Palästinensische Befreiungsbewegung), kurz „Hataf“. Da aber Hataf auch soviel wie „plötzlicher Tod“ bedeutet, wurden die Initialen in umgekehrter Reihenfolge gelesen, also „Fatah“.

Noch spielten Arafat und Genossen gegenüber Schukeirys Mannen eindeutig die zweite Geige. Doch je höher die Spannung im Nahen Osten anstieg, desto schriller wurden deren Parolen. „Werft sie ins Meer“ war nur eine von ihnen.

Von den Sowjets bis auf die Zähne gerüstet, holte Nasser nun zum Entscheidungsschlag aus. Zuerst zog er 80.000 Mann auf der Sinai-Halbinsel zusammen. Gleichzeitig verbreitete sich das Gerücht, die Israelis bereiteten einen Angriff auf Syrien vor. Danach forderte Nasser ultimativ den Abzug der UN-Truppen aus dem Gaza-Streifen. Vielleicht glaubte er, die Vereinten Nationen würden dieses freche Ultimatum ablehnen, doch Generalsekretär U Thant gab sofort nach. Und damit war das Feld frei zum Gefecht.

Nasser trieb nun seine aggressive Politik konsequent voran. Am 22. April 1967 verhängte er eine Blockade über den israelischen Hafen Elath am Roten Meer: Nach internationalem Recht ein kriegerischer Akt, doch die Westmächte waren zu keiner Reaktion fähig. Ein amerikanischer Vorschlag, die Blockade gemeinsam zu durchbrechen, fand kein Gehör.

Derart ermutigt, steigerte sich der „Rais“ in einen martialischen Rausch. Am 30. Mai zwang er Jordanien ein gemeinsames Militärkommando unter einem ägyptischen General auf. Am 4. Juni schloß sich der Irak freiwillig diesem Kommando an. Sogar die Staaten Nordafrikas stellten sich mit Hilfstruppen ein.

Spätestens zu jenem Zeitpunkt bereiteten die westlichen Medien ihr Publikum auf das Ende des Judenstaates vor. Es sollte ein Begräbnis zweiter Klasse mit vielen Krokodilstränen werden.

Und der spätere israelische Außenminister Abba Eban (1966—1974) notierte in seinen Memoiren: „Niemand, der jene Tage in Israel erlebte, wird je vergessen, welches Verhängnis sich damals über unserem Volk zusammenzubrauen schien . . . Am schicksalsschweren 5. Juni war die Entscheidung gefallen. Sie lautete: Leben oder Untergang. Entweder verteidigen wir unsere nationale Existenz, oder sie ist ein für allemal verwirkt."

Militärische Erfolge bringen Israel keine Anerkennung von seiten der Araber, geschweige denn einen echten Frieden. Die revolutionären Umwälzungen in der arabischen Welt schaffen neue Bedrohungen. Die Supermächte fechten im Nahen Osten einen Stellvertreterkrieg aus. Da holt Ägyptens Präsident Nasser zu einem Vernichtungsschlag aus, doch Israel kommt ihm zuvor.

Vom Sechs-Tage-Krieg zu Camp David

Israels Gegenschlag vernichtet die Armeen der arabischen Anrainerstaaten innerhalb einer Woche. Der Judenstaat vervielfacht sein Territorium — aber auch seine Probleme. Eine Million Palästinenser muß verwaltet werden. Da streckt Ägyptens neuer Präsident Sadat die Hand zum Frieden aus.

Im Morgengrauen des 5. Juni 1967 griff die israelische Luftwaffe alle Militärflugplätze in Ägypten an. Innerhalb einer Stunde wurde praktisch Nassers gesamte Luftflotte auf dem Boden zerstört.

Gleichzeitig überschritt die israelische Armee die Grenze in den Sinai und den von den Blauhelmen evakuierten Gaza-Streifen.

Noch hätte der Konflikt auf Ägypten und Israel beschränkt werden können. Premierminister Eshkol hatte König Hussein ausdrücklich versichert, daß Israel keinen Angriff auf Jordanien beabsichtige. Hussein ließ sich jedoch von Nasser täuschen, der ihm telephonisch mitgeteilt hatte, Tel Aviv liege bereits in Trümmern. Daraufhin ordnete der König seinerseits einen Angriff auf Israel an.

Der traf die Israelis nicht unvorbereitet. Die jordanische Front hielt nur wenige Tage. Israelische Einheiten drangen in die Jerusalemer Altstadt ein und standen kurz darauf vor der Klagemauer.

Die libanesische Grenze war während dieser Tage ruhig geblieben, und auch an der syrischen Front hatte es nur kleinere Schießereien gegeben. Nun aber befahl der eben erst als Verteidigungsminister in die Regierung berufene Mosche Dayan die Erstürmung der Golan-Höhen, von denen aus die Syrer zwei Jahrzehnte lang Israel beschossen hatten.

Nach sechs Tagen war alles vorbei. Wie einst David Goliath besiegt hatte, besiegte Israel fast die gesamte arabische Welt. Plötzlich genoß Israel ungeahnte Popularität: zumindest im Westen. Alle Ostblockstaaten (außer Rumänien) und Jugoslawien brachen dagegen ihre Beziehungen zu Israel ab und zogen noch etliche afrikanische Staaten in ihren Sog.

Das Ende des Sechs-Tage-Krieges hätte den Weg zu einem echten Frieden öffnen können. Es kam jedoch anders: Bei ihrer Gipfelkonferenz in Khartum votierten die arabischen Staaten für ein totales „Nein" und behielten dadurch den „Schwarzen Peter", denn es ist keineswegs sicher, ob Israel damals wirklich zu einer großzügigen Friedensregelung ohne wesentliche Annexionen bereit gewesen wäre. Aber seine Absichten wurden nicht getestet.

Als die Israelis nach einigen Monaten die Trennmauer, die Jerusalem fast 20 Jahre lang geteilt hatte, niederrissen, löste dies sogar im arabischen Teil der Stadt keinerlei Protest aus.

Auch die Siedlungstätigkeit in den besetzten Gebieten hielt sich vorerst in international durchaus vertretbaren Grenzen. Nur jene Dörfer wurden wiederaufgebaut, die schon vor 1948 existiert und im Krieg hatten aufgegeben werden müssen.

1968 starb Levi Eshkol und wurde durch die „dynamische Oma" Golda Meïr ersetzt, die man bereits aus Altersgründen auf den Posten einer Parteisekretärin abgeschoben hatte.

Noch dramatischer fiel die Wachablöse auf arabischer Seite aus. Im September 1970 erlag Nasser einem Herzanfall. Sein Nachfolger, der bisherige Vizepräsident Anwar El Sadat, wurde vorerst nur als Platzhalter angesehen. Noch ahnte niemand seine wahren Fähigkeiten.

Und auch bei den Palästinensern war Achmed Schukeiry fällig und wurde durch den international kaum bekannten Jahya Hammouda ersetzt, der aber bald wieder verschwinden sollte.

Dabei hatte die totale Niederlage der regulären arabischen Armeen paradoxerweise das Selbstbewußtsein der Palästinenser gestärkt. Die Schwächung Jordaniens ermöglichte es ihnen jetzt, Basen in der Nähe der jordanisch-israelischen Grenze aufzubauen. Nach einigen Infiltrationsversuchen schritten die Israelis zu massiver Vergeltung. Bei einem Angriff auf das Palästinenserlager Karameh im Jordantal stießen sie jedoch auf stärkeren Widerstand als erwartet, worauf die Palästinenser das an sich unbedeutende Gefecht von Karameh zu ihrem „ersten großen Sieg“ umfunktionierten.

Danach konnten sie in Jordanien nach Belieben schalten und walten. Sie waren praktisch ein Staat im Staat und strebten nun nach neuen politischen Strukturen. El Fatah hatte Yassir Arafat bereits zum Vorsitzenden erkoren, und ein Jahr später wurde er vom Palästinensischen Nationalrat, dem Exilparlament, zum Präsidenten der Palästinensischen Befreiungsorganisation, der PLO, bestimmt.

Arafats Position blieb allerdings umstritten und wurde eher von seiner charismatischen Persönlichkeit als seiner Machtfülle bestimmt. Extremisten, wie der schattenhafte Terrorist Sabri el Bannah, genannt Abu Nidal, behielten immer ihre volle Aktionsfreiheit, ohne deswegen mehr als verbal aus dem Kreis der PLO verstoßen zu werden. Dabei wurde der Terror immer mehr zur Hauptwaffe auch der offiziellen PLO. Mit Vorliebe wurden nun Zivilflugzeuge entführt — erstmals 1968, als die Israelis eine nach Algier gebrachte El-Al-Maschine durch Freilassung von inhaftierten Palästinensern freikaufen mußten.

Die Israelis schworen, dies nie wieder zu tun, und verschärften ihre Sicherheitsmaßnahmen. Darauf konzentrierten sich die Terroristen auf europäische und amerikanische Maschinen. Im September 1968 wurden gleich vier Maschinen auf einen von Palästinensern kontrollierten Flugplatz in der jordanischen Wüste entführt. Die Forderungen der Entführer wurden erfüllt, die Flugzeuge trotzdem, nach Freilassung der Passagiere, in die Luft gesprengt.

Hussein wußte nun, daß er etwas tun mußte, wollte er nicht Thron und Land verlieren. Am 17. September griffen seine Beduinen die Palästinenser an und brachen ihren Widerstand nach wenigen Tagen. Zehntausende Palästinenser flohen in den Libanon, um dort neue Stützpunkte aufzubauen, woran sie die schwache Regierung in Beirut nicht hindern konnte. Eine genaue Opferbilanz des „Schwarzen Septembers“ wurde nie veröffentlicht. Die PLO sprach jedoch von 10.000 Toten.

Die Palästinenser waren geschwächt, aber nicht eliminiert. Bei den Olympischen Spielen (1972) in München verübten sie auf das israelische Team ihren bislang spektakulärsten Anschlag. Die Operation endete blutig, aber die überlebenden Terroristen wurden prompt freigepreßt.

Inzwischen hatte Ägypten massiv aufgerüstet. Nach einem längeren „Abnützungskrieg", der von den Israelis nicht ernstgenommen wurde, überschritten die Ägypter im Oktober 1973 (Israel feierte gerade Jom Kippur, den höchsten jüdischen Feiertag) den Suezkanal und überrannten die wegen des Feiertags unterbemannten israelischen Stellungen. Ein Gegenschlag der israelischen Luftwaffe war nicht so effektiv wie erwartet, weil Israel die Wirksamkeit der russischen SAM-Raketen auf ägyptischer Seite unterschätzt hatte. Als auch die Syrer angriffen, schien Israels Schicksal auf des Messers Schneide. Nur mit einer gewaltigen militärischen Anstrengung konnten die Syrer zurückgeworfen werden, und an der Südfront überschritten die Israelis ihrerseits den Suezkanal, unter der Führung des Generals Ariel Scharon. Die in den Sinai vorgestoßene 3. ägyptische Armee war dadurch abgeschnitten, und Scharons Panzer stießen auf Kairo vor.

In diesem für die Ägypter kritischen Moment drohte die Sowjetunion massiv einzugreifen und erzwang eine Feuerpause. Kairo war gerettet, und US-Außenminister Henry Kissinger gelang es danach, Truppenentflechtungsabkommen an den ägyptischen und syrischen Fronten zu arrangieren.

Nachdem die Gefahr einer Ausweitung des Krieges damit gebannt war, wuchs in Israel die Kritik an der Heeresführung, die sich von den Ägyptern hatte überraschen lassen. Eine Untersuchungskommission übte heftige Kritik an einigen Generälen und – indirekt – auch an Dayan, dessen Beziehungen zu den Sozialisten danach merklich abkühlten.

Im Dezember 1973 fanden in Israel Parlamentswahlen statt, die noch einmal mit einem Sieg der Arbeiterpartei endeten. Danach trat Golda Meïr zurück und wurde durch Itzhak Rabin, den militärischen Sieger des Sechs-Tage-Krieges, ersetzt, der aber niemals das politische Format seiner Vorgängerin erreichte.

Kaum an der Macht, wurde der Premier mit einem neuen Problem konfrontiert, das sich zu einem Mühlstein um den Hals aller israelischen Regierungen entwickeln sollte: die wilde jüdische Siedlungstätigkeit in den besetzten Gebieten.

Dabei begann es so harmlos: Am 4. März 1974 mietete sich der aus einer Münchner Familie stammende Rabbi Mosche Levinger mit seiner amerikanischen Frau und zehn weiteren Gesinnungsfreunden, als Schweizer Touristen getarnt, im Park-Hotel in der besetzten Stadt Hebron ein. Als ihre Identität bekannt wurde, weigerten sie sich, das Hotel zu verlassen, und proklamierten den Beginn der jüdischen Wiederbesiedlung der Stadt, aus der die letzten Juden 1929 vertrieben worden waren.

Um Levinger zu stützen, sah sich die Regierung genötigt, die Siedler vorerst in ein Militärlager vor der Stadt zu bringen. Danach wurde ihnen gestattet, auf einem Hügel oberhalb von Hebron die Siedlung

Kiriat Arba zu gründen. Das hinderte sie aber nicht daran, immer wieder zu versuchen, sich in der Stadt selbst zu etablieren — schließlich mit Erfolg.

Levinger war auf diesem Feld nicht allein. Schon zuvor hatten Mitglieder einer national-religiösen Jugendbewegung den „Gusch Emunim“ (Block der Getreuen) gegründet, der sich ebenfalls die Besiedlung der besetzten Gebiete zum Ziel gesetzt hatte. Anfänglich handelte es sich dabei um durchaus gemäßigte Elemente, die erst durch die Annäherung an Levinger zu Extremisten wurden.

Noch hielt sich die Siedlungstätigkeit in engen Grenzen, weil sie keine Unterstützung von der Regierung erhielt, die sich aber andererseits zu keinen Gegenmaßnahmen aufraffen konnte. All das änderte sich schlagartig, als der rechtsstehende Likud-Block (ein Bündnis der Herut-Partei mit den Rechtsliberalen) bei den Wahlen von 1977 zur allgemeinen Überraschung als stärkste Partei hervorging.

Für diesen Erdrutsch waren in erster Linie soziologische Faktoren verantwortlich. Die Arbeiterpartei galt traditionell als Vertreterin der europäischen Einwanderer. Die Juden aus Nordafrika und orientalischen Ländern hatten bisher, gleichsam automatisch, „für die Regierung“ gestimmt.

Mit der Zeit war es jedoch der Rechtsopposition gelungen, gewisse Minderwertigkeitskomplexe der niedrigen sozialen Schichten zu nutzen und diese gegen das „europäische Establishment“ aufzuhetzen. Dabei fiel nicht einmal die Tatsache ins Gewicht, daß sich die Führung des Likud-Blocks ausschließlich in den Händen von osteuropäischen Einwanderern — allen voran Menachem Begin — befand. Während des Wahlkampfes waren der Arbeiterpartei auch personelle Pannen unterlaufen. Premier Itzhak Rabin mußte wegen einer an sich harmlosen Devisenaffäre zurücktreten, und sein Nachfolger Schimon Peres hatte kaum Zeit, sich zu profilieren. Überdies bildete eine Gruppe traditioneller Mitte-Links-Wähler eine neue Partei unter dem berühmten Archäologen und ehemaligen General Yigal Yadin, die den Sozialisten Stimmen abnahm.

Nach den Wahlen fiel es Begin nicht schwer, mit den Religiösen und der Yadin-Partei eine Koalitionsregierung zu bilden. Danach wurden mit großem Propagandaaufwand neue Kolonien in den besetzten Gebieten etabliert. Bei den meisten handelte es sich allerdings um „Schlafsiedlungen" im Umkreis der größeren Städte, die wegen der niedrigeren Mieten rasch Zuwanderer fanden. Die „ideologischen" Siedler im arabischen Kernland blieben immer eine relativ kleine Minderheit.

Auf internationaler Ebene wurde vom Kabinett Begin keinerlei Flexibilität erwartet — bis Anwar El Sadat das Gegenteil bewies.

Nassers Nachfolger hatte schon 1976 die Sowjets aus dem Land geworfen, und seine Einstellung zu Israel begann sich zu ändern, als ihn der israelische Geheimdienst von einem Mordkomplott informierte. Scharfsinnig wie er war, schloß Sadat, daß ein Nationalist wie Begin Kompromisse schließen könnte, an die sich keine sozialistische Regierung hätte heranwagen können — weil sie dann der Kritik eines Begin ausgesetzt wäre.

Über verschiedene Zwischenstationen — Marokko, Rumänien, aber auch Österreich — wurden Fäden gesponnen, bis beide Seiten von den ehrlichen Absichten des einstigen Gegners mehr oder weniger überzeugt waren.

Noch schien kein Durchbruch in Sicht, als Sadat in einer Radiorede am 9. November 1977 einseitig seine Bereitschaft verkündete, nach Jerusalem zu fliegen. Begin und Kollegen benötigten fünf Tage, um sich zu einer positiven Antwort durchzuringen, bei der noch immer Mißtrauen durchklang.

Inzwischen hatte Sadat vergeblich versucht, andere arabische Staatschefs für seine Idee zu gewinnen. Von seinem Vorhaben ließ er sich jedoch trotz heftiger Drohungen nicht abbringen, und am 19. November landete seine Maschine auf dem Flughafen von Tel Aviv.

In Israel erntete Sadat viel Applaus, doch hatte seine Mission vorerst eher symbolischen Charakter. Begin war mißtrauisch, und ein ganzes Jahr wurde mit zähen Verhandlungen vergeudet, bis sich US-Präsident Jimmy Carter entschloß, in Camp David den gordischen Knoten bei einem Dreiergipfel mit Sadat und Begin zu durchschneiden.

Der folgenden Konferenz im September 1978 wurden kaum Erfolgschancen eingeräumt. Tatsächlich standen die Gespräche mehrmals am Rande eines Abbruchs. Dennoch wurde am 17. September, nach dreizehntägigen Verhandlungen, das historische Abkommen von Camp David unterzeichnet. Es sah — vereinfacht dargestellt — einen totalen israelischen Abzug aus dem Sinai im Tausch für eine

Anerkennung des Judenstaates durch Ägypten vor. Ein formeller Friedensvertrag sollte innerhalb von drei Monaten erstellt werden. Und, was die Zukunft der Palästinenser betraf, suchten beide Parteien in vagen Formulierungen Zuflucht: Zuerst sollte über Autonomie, dann über eine endgültige Lösung verhandelt werden.

Noch war Camp David nicht einmal ein Vorfriedensvertrag. Der Teufel offenbarte sich bald im Detail. Begin versuchte die israelischen Siedlungen im Sinai zu retten, doch da war Sadat zu keinem Kompromiß bereit. Die Drei-Monats-Frist verstrich, wieder drohte die Friedensinitiative zu scheitern. Schließlich mußte sich Carter selbst in den Nahen Osten bemühen, um einen Konsens herzustellen.

Am 26. März 1979 war es dann soweit. Auf dem Rasen vor dem Weißen Haus wurde der erste Friedensvertrag im Nahen Osten mit maximalem Medienzauber feierlich unterzeichnet. War es der Beginn einer neuen Ära oder nur eine Fata Morgana?

Im Abkommen von Camp David bricht Ägypten aus der Ablehnungsfront der Araber aus und schließt Frieden mit Israel. Die anderen arabischen Staaten ziehen jedoch nicht nach, und das Palästinenser-Problem bleibt ungelöst. Die PLO entwickelt ihre eigene Dynamik.

Krieg im Libanon und kein Friede

Die Palästinenser haben im Libanon einen Staat im Staat aufgebaut, von dessen Territorium aus sie Israel weiter bekämpfen. Extremisten provozieren einen großen israelischen Vergeltungsschlag gegen den Libanon. Militärisch siegreich, schlittert Israel dennoch in ein politisches und moralisches Debakel.

Der Jubel über den Friedensschluß zwischen Israel und Ägypten war kaum verklungen, da meldeten sich schon kritische Stimmen in beiden Lagern zu Wort. Israel, sagten die Ultras in der Knesset, hätte einen zu hohen Preis bezahlt. Und im arabischen Lager wurde Sadat zum Paria erklärt.

Am schärfsten reagierten die Palästinenser, die offen zur Ermordung des ägyptischen Präsidenten aufriefen. Natürlich fühlten sie sich im Stich gelassen, denn die ägyptisch-israelischen Verhandlungen über die Palästinenser-Autonomie verliefen rasch im Sand, obwohl gemäßigte Palästinenser, wie der Bethlehemer Bürgermeister Elias Frej, später offen zugaben, daß man die einmalige Chance hätte nützen müssen.

Auch Begins Ruhm verblaßte bald. 1981 standen neuerlich Knesset-Wahlen ins Haus, welche der Likud-Block nur noch ganz knapp gewinnen konnte.

Die PLO konzentrierte sich indessen auf den Libanon, wo bereits 1974 ein blutiger Bürgerkrieg mit ständig wechselnden Allianzen ausgebrochen war. Arafats Mannen nützten diese Situation, um im Südlibanon einen Staat im Staat, alsbald „Fatahland“ genannt, zu errichten und eine Ausgangsbasis für Sabotagetrupps und Beschießung israelischer Siedlungen zu schaffen.

Die Israelis versuchten es mit Vergeltung. Eine „kleine“ Invasion im Jahr 1978 brachte keine Wirkung. Und die Bildung eines von proisraelischen, christlichen Milizen kontrollierten Pufferstreifens brachte auch keine Sicherheit.

Noch setzte Israel auf die ägyptische Karte, doch am 6. Oktober 1981 erlitt der gesamte Friedensprozeß einen gewaltigen Rückschlag: Anwar El Sadat wurde von islamischen Fanatikern ermordet. Die unmittelbaren Täter wurden rasch hingerichtet, die Hintermänner blieben unangetastet.

Damit war der Weg zur nächsten Konfrontation vorgezeichnet. In Jerusalem forderte der zum Verteidigungsminister aufgestiegene General Ariel Scharon (der Held des Jom-Kippur-Krieges) eine Großaktion zur Eliminierung der militärischen Basis der PLO im Libanon. Der Moment schien günstig, da die arabische Welt durch den 1979 ausgebrochenen Golfkrieg gespalten war.

Arafat trachtete, einen offenen Krieg mit Israel zu vermeiden. Gerade diesen wollten aber die Extremisten in palästinensischen Lagern provozieren, was ihnen auch gelang.

Am 3. Juni 1982 wurde der israelische Botschafter in London, Schlomo Argov, von palästinensischen Terroristen angeschossen und schwer verletzt. Für Ariel Scharon war dies der „Casus belli“, auf den er gewartet hatte. Am 6. Juni überschritten seine Truppen die libanesische Grenze und eroberten rasch die Palästinenser-Hochburgen in den alten Phönizierstädten Sidon und Tyrus.

Am 7. Juni griffen die Syrer in die Kämpfe ein und erlitten sofort schwere Verluste. Innerhalb weniger Tage wurde ein Drittel der syrischen Luftwaffe ausgeschaltet. Die Syrer hielten sich danach aus den Kämpfen heraus.

Die Israelis stießen nun rasch entlang der Küste gegen Norden vor — rascher als sie es selbst erwartet hatten. Ursprünglich war nur die Besetzung des „Fatahlandes", also eines Gebietsstreifens von rund 35 Kilometern, vorgesehen, aber am 8. Juni standen Scharons Panzer bereits am Südrand von Beirut.

Und nun wurden die Israelis mit einem Dilemma konfrontiert: Sollten sie ihren Vormarsch einstellen oder die Stadt besetzen? Israels Verbündete, die christlichen Milizen unter Beschir Gemayel, hätten die Stadt leicht okkupieren können, aber sie weigerten sich, in die Kämpfe einzugreifen.

Der erste, der die Situation richtig einschätzte, war Arafat. Sobald er sah, daß der israelische Vormarsch zum Stehen gekommen war, begann er sich mit seinen Leuten erst recht in Beirut zu verschanzen. Er wollte die Stadt zum „Stalingrad des Nahen Ostens" machen.

Dann geschah genau das, was Israel hatte vermeiden wollen. Jerusalem mußte sich wohl oder übel auf Verhandlungen durch ausländische Vermittler über einen freien Abzug der Truppen Arafats einlassen. Wodurch der Eindruck entstand, die PLO hätte die Israelis mit eigenen Kräften aufgehalten.

Auch in Israel manifestierte sich bereits Widerstand gegen „Scharons Krieg“. Arafat konnte danach einen ehrenvollen Rückzug aushandeln — sozusagen „ungeschlagen im Feld“.

Zwei Tage später, am 23. August, wurde Israels zwielichtiger Freund, Beschir Gemayel, zum Präsidenten des Libanon gewählt. Scharon hatte zumindest einen Teilerfolg erzielt, doch erwies sich dieser als kurzlebig. Schon am 14. September wurde der noch nicht einmal vereidigte Gemayel ermordet.

Noch vor seinem Tod hatte der Präsident mit Scharon vereinbart, daß seine Milizen die Palästinenserlager Sabra und Schatila am Stadtrand von Beirut von versteckten PLO-Kämpfern säubern würden. Nach dem Tod seines Gesprächspartners hätte Scharon diese Übereinkunft sofort annullieren müssen, doch er tat nichts dergleichen. Zwei Tage später ließ er die nach Blutrache dürstenden Milizionäre in die Lager, wo sie sofort ein Massaker anrichteten. Die Israelis griffen erst nach weiteren zwei Tagen ein, um das Abschlachten zu beenden.

Das weltweite Echo auf die Vorgänge war groß, und die ganze Welt gab nicht den Milizen, sondern den Israelis die Schuld. „Scharons Krieg“ war zu einem politischen Desaster geworden.

Genauso empört reagierte die israelische Öffentlichkeit. Begin war gezwungen, eine unabhängige Kommission einzusetzen, die nach eingehenden Untersuchungen Scharon, Generalstabschef Rafael Eytan und drei weitere Generäle für mitverantwortlich erklärte. Scharon mußte das Verteidigungsressort gegen das unwichtige Landwirtschaftsministerium eintauschen.

Wesentlich weniger konsequent reagierte der Libanon unter seinem nächsten Präsidenten Amin Gemayel, dem Bruder des ermordeten Beschir. Die christlichen Milizen wurden pauschal rehabilitiert. Elias Hobeika, der für das Massaker unmittelbar verantwortliche Kommandant, ist heute ein angesehener libanesischer Politiker.

Noch hoffte Jerusalem auf einen minimalen politischen Gewinn. Im Jänner 1983 begannen unter amerikanischem Patronat israelisch-libanesische Verhandlungen, die zwei Monate später zur Verabschiedung eines Dokuments führten, in dem von einem formellen Friedensschluß nicht mehr die Rede war. Aber es war besser als gar nichts.

Die Israelis begannen nun mit ihrem Rückzug, worauf die moslemischen Kräfte im Libanon die Christen sofort unter Druck setzten. Die als Friedenswächter in den Libanon entsandten amerikanischen und französischen „Friedenstruppen" erlitten bei Terroranschlägen so schwere Verluste, daß sie ihrerseits die Flagge strichen. Im März 1984 zerriß Amin Gemayel schließlich noch seinen Vertrag mit Israel.

Außer der Vernichtung des „Fatah-Landes" und der Beibehaltung der Sicherheitszone an der Nordgrenze hatte der verlustreiche Krieg also für Israel überhaupt nichts eingebracht. An die Stelle der PLO-Kämpfer im Libanon traten die noch radikaleren Schiiten-Milizen.

Inzwischen war die turbulente Begin-Ära zu Ende gegangen. Kurz nach dem Tod seiner Frau Aliza trat der Premierminister zurück und wurde durch den damals 69jährigen Außenminister Itzhak Schamir, ebenfalls einen Veteranen des Untergrundkampfes gegen die Briten, ersetzt.

Nach Begins Abgang schien der Likud-Block innen- und außenpolitisch am Ende. Im Juni 1983 stieg die Inflation auf 400 Prozent pro Jahr. Gleichzeitig stellten die orthodoxen Parteien immer höhere Forderungen für ihren Verbleib in der Koalition, und die Siedlerbewegung setzte die Regierung dauernd unter Druck. Am äußersten rechten Rand des politischen Spektrums rief der extremistische Rabbi Meir Kahane, der erst 1972 aus den USA ins Land gekommen war, sogar zur „Aussiedlung" der Araber auf.

In der Wahlkampagne von 1984 schien die Arbeiterpartei einem sicheren Sieg zuzusteuern, doch machte die andauernde Rivalität zwischen den beiden Ex-Premiers Rabin und Peres die gemäßigte Linke unglaubwürdig. Schließlich kam es nach einer Patt-Situation zur Bildung einer großen Koalition. Peres sollte während der ersten Hälfte der Legislaturperiode als Regierungschef amtieren, Schamir während der zweiten.

Diese große Koalition hätte nun die dringenden innen- und außenpolitischen Probleme des Landes ernsthaft angehen können, doch sie nahm diese Chance nur teilweise wahr. Wohl konnte die Wirtschaft saniert und die Inflation gebändigt werden. Aber das hohe Defizit in der Zahlungsbilanz konnte — angesichts der enormen Verteidigungsausgaben einschließlich des Raketen- und des Nuklearsektors — nur wenig reduziert werden.

Die Möglichkeit einer formellen Annexion der besetzten Gebiete wurde im neuen Regierungsprogramm ausgeschlossen. Der „stille Anschluß" ging jedoch weiter. Besonders in der zweiten Regierungsperiode unter Schamir gingen wieder übermäßig hohe Summen in die besetzten Gebiete – auf Kosten der Entwicklung des Kernlandes.

Und die Orthodoxen gaben weiterhin den Ton an, nicht zuletzt, weil sowohl Schamir als auch Peres bereits an die nächste Legislaturperiode dachten, in der man diese Stimmen wieder brauchen würde.

So eskalierte die Grundsatz-Debatte „Wer ist Jude?" zu einem akuten Konflikt mit den Juden in der Diaspora. Bisher hatte die orthodoxe Richtung des Judentums in Israel dominiert. Rabbiner der konservativen und der Reformrichtung (der etwa zwei Drittel der amerikanischen Juden angehören) konnten in Israel keine offizielle Funktion ausüben. Damit hatten sie sich abgefunden. Als die Orthodoxen jedoch forderten, Übertritte zum Judentum, die von anderen Rabbinern im Ausland vorgenommen wurden, in Israel nicht mehr anzuerkennen, war für die nichtorthodoxen Gemeinden die Schmerzgrenze überschritten. Sie drohten mit einem Spendenboykott, sollte ein entsprechendes Gesetz in Israel angenommen werden. Und erstmals setzten sie sich durch, wenngleich die entsprechende Novelle noch immer in einer Schublade verstaubt und immer wieder von den Traditionalisten eingefordert wird.

Bei den Wahlen im Jahr 1987 gab es zwar leichte

Gewinne des Likud-Blocks, die Arbeiterpartei blieb jedoch in der Koalition unter Itzhak Schamir. Dadurch war die Möglichkeit einer dramatischen Kurswende ausgeschlossen. Die Regierung hielt dies überdies für zweitrangig, da durch den iranisch-irakischen Golfkrieg die Gefahr eines arabischen Angriffs gebannt schien. Und die Palästinenser, mutmaßte das Kabinett, würden sich über kurz oder lang mit dem Provisorium einer „Besetzung ohne Annexion" — gemildert vielleicht durch einige Konzessionen — abfinden.

Ohne einen Friedensschluß erreicht zu haben, muß sich Israel unter dem Druck der Weltöffentlichkeit aus dem Libanon zurückziehen. Massaker in den Palästinenserlagern, von Israel nicht verhindert, bringen Jerusalem in weltpolitische Isolation. Extremistische jüdische Siedler in den besetzten Gebieten sorgen für weiteren Zündstoff.

Intifada

Just zu einem Zeitpunkt, da die arabischen Staaten das Palästinenserproblem beiseite schieben möchten, erhebt sich die Bevölkerung in den besetzten Gebieten. Israel findet kein wirksames Mittel, um der neuen Situation Herr zu werden. Doch dann erklärt sich PLO-Chef Arafat plötzlich bereit, den Staat Israel anzuerkennen.

Die optimistische Einschätzung der Nahostsituation durch die israelische Regierung — „Es wird schon nichts geschehen“ — schien vorerst durchaus gerechtfertigt. Der Herbstgipfel 1987 der Arabischen Liga konzentrierte sich auf den Golfkrieg und — mit Abstand — auf die Lage im Libanon. Das Palästinenserproblem stand trotz aller Urgenzen Arafats nicht auf der inneren Tagesordnung.

Die PLO mußte also rasch etwas unternehmen, wollte sie nicht ins Abseits gedrängt werden. Und in den besetzten Gebieten sah man sich, nicht zum ersten Mal, von den arabischen Staaten verschaukelt.

Dann geschah etwas, was niemand geplant und mit dem auch niemand wirklich gerechnet hatte. Am 9. Dezember 1987 wurden im Lager Jabalya im Gaza-Streifen vier Palästinenser von einem israelischen Lastwagen überfahren. Wie ein Lauffeuer verbreitete sich das — übrigens falsche — Gerücht, der Fahrer hätte absichtlich gehandelt. Es kam zu Ausschreitungen, die international vorerst kaum registriert wurden. Auch nicht, nachdem die ersten

Todesopfer zu beklagen waren. Aufmerksam wurde die Öffentlichkeit erst, als die Unruhen nach Tagen nicht abflauten und sich auf alle besetzten Gebiete ausdehnten.

Sogar die PLO erkannte die Bedeutung der Unruhen erst mit Verspätung. Dann aber stieg sie umso intensiver ein. Sie gab den Ausschreitungen den medienwirksamen Namen „Intifada“ (Auflehnung) und rief ihrerseits zu einem Generalstreik auf. Nach einer weiteren Woche war bereits von einem „Volksaufstand“ die Rede. Am 22. Dezember mißbilligte der Weltsicherheitsrat das „brutale Vorgehen israelischer Kräfte gegen unbewaffnete Demonstranten“.

Tatsächlich wurde die israelische Regierung von der Entwicklung förmlich überrollt. Armee und Grenzpolizei waren nur für einen richtigen Krieg ausgebildet. Die anderen Sicherheitskräfte für Maßnahmen gegen Infiltranten und Terroristen. Nicht aber für ein Vorgehen gegen Steine und Molotowcocktails werfende, aber ansonsten unbewaffnete Zivilisten. Wie ein Israeli dem österreichischen Journalisten Hans Benedict erklärte: „Ich bin Soldat, um gegen Israels Feinde zu kämpfen, nicht gegen Wehrlose.“

Noch hoffte die israelische Regierung auf ein natürliches Abflauen der Unruhen, aber der Geist der „Intifada“ — einmal aus der Flasche — wollte nicht mehr dort hinein zurückkehren. Von Tag zu Tag stieg die Opferbilanz an. Und unter den Toten und Verwundeten wuchs die Zahl der Kinder und Jugendlichen. Da half es auch nicht, wenn Israel zu

Recht darauf hinwies, daß die Untergrund-Führung der „Intifada“, die sich inzwischen gebildet hatte, mit voller Absicht Kinder in die vordersten Reihen der Demonstranten gestellt hatte. Das Fernsehen war nun einmal auf die Unruhen aufmerksam geworden, und schreckliche Bilder gingen um die Welt.

Washington forderte von Jerusalem immer eindringlicher konstruktive politische Schritte, und auch jüdische Organisationen in den USA äußerten immer lauter ihre Kritik; von Protesten in Israel ganz zu schweigen.

Die Regierung selbst war ratlos. Die beiden Koalitionspartner schoben einander gegenseitig die Schuld für die Verschärfung der Lage und für die Unfähigkeit, konstruktive Alternativen zu bieten, zu. Einerseits wurde das Kabinett von der Linken bestürmt, mit den Palästinensern zu verhandeln, andererseits forderten die extremistischen Siedler ein noch härteres Durchgreifen.

Die Palästinenserführung hatte sich auf eine flexible Taktik festgelegt. An einem Tag wurde demonstriert, an einem anderen gestreikt. Einzelne Gruppen weigerten sich, israelische Steuern zu zahlen. Und immer wieder wurden israelische Autos bei der Fahrt durch arabische Orte mit Steinen beworfen.

Die Behörden konnten immer nur ad hoc reagieren. Ausgangssperren wurden verhängt, Schulen und Universitäten (letztere waren übrigens erst während der Besatzungszeit errichtet worden) wurden als „Brutstätten der Erhebung“ geschlossen.

Häuser von Aktivisten wurden gesprengt, mutmaßliche Führer deportiert und Steuerschulden gewaltsam eingetrieben.

Die arabische Wirtschaft kam bald zu einem totalen Stillstand. Geschäfte durften auf internen Befehl nur noch zu gewissen Stunden offenhalten. Die Bevölkerung wurde durch geheime Zuwendungen aus arabischen Ländern so gut — oder schlecht — es ging, finanziert.

Doch auch die israelische Wirtschaft bekam die Wirkung der „Intifada“ zu spüren. Arabische Arbeitskräfte aus den besetzten Gebieten wagten sich nicht mehr an ihre Arbeitsplätze in Israel oder schlossen sich freiwillig den Streiks an.

Erfolglos blieb ein Versuch Israels, die Palästinenser zu spalten. Während gegen PLO-Aktivisten rigoros vorgegangen wurde — bis zur Verhaftung oder Ausweisung der Betroffenen —, begünstigte man zumindest inoffiziell die Bildung Arafat-feindlicher fundamentalistischer Gruppen. Bis Jerusalem erkennen mußte, daß diese letzteren für einen noch radikaleren Aufruhr agitierten.

Gleichzeitig waren beide Palästinenser-Gruppen dazu übergegangen, wirkliche oder angebliche Kollaborateure und Spitzel zu liquidieren, wobei es sich zumeist um einfache Leute handelte, die mit dem Aufruhr nichts zu tun haben wollten. Auch private Rechnungen wurden so beglichen. Bis Ende 1989 ging etwa ein Drittel der rund 600 Opfer der „Intifada“ auf das Konto der internen Feme-Justiz.

Erst relativ spät griffen die arabischen Staaten und die PLO zu politischen Initiativen. Beim Gipfeltreffen in Algier im Juni 1988 wurde der Status der PLO als alleinige Vertretung der Palästinenser bekräftigt, und die „jordanische Option“ (ein Arrangement mit König Hussein), auf welche die Arbeiterpartei in Israel noch immer gehofft hatte, wurde endgültig ausgeschlossen.

Derart abgesichert, gelang es Arafat, die Israelis durch eine spektakuläre Geste in die Enge zu treiben. Im November 1988 beschloß der Palästinensische Nationalrat, die zwei Jahrzehnte lang abgelehnten UN-Resolutionen 242 und 348 — und damit indirekt Israels Existenzrecht — zu akzeptieren.

Vergeblich wies Israel darauf hin, daß die Zugeständnisse der PLO an viele Bedingungen gebunden und mit Hintertürchen versehen waren. Für die Welt war Arafat jetzt der Friedliebende, Israel plötzlich der alleinige Störenfried.

Arafat hatte noch einen spitzen Pfeil im Köcher. Er rief einen „unabhängigen Staat Palästina“ aus, der innerhalb kurzer Zeit von mehr als 100 Ländern anerkannt wurde. Und selbst jene Regierungen, die einen „Staat ohne Land“ aus formalen Gründen nicht anerkennen wollten, akzeptierten die lokalen PLO-Vertretungen als Botschaften mit quasi-diplomatischem Status.

Die PLO eröffnete nun ihrerseits eine „Freundschaftsoffensive“ in der westlichen Welt. Zum Entsetzen Jerusalems waren sogar die USA bereit, Kontakte zur PLO, wenn auch auf niedriger Ebene, aufzunehmen. Immer mehr geriet Israel in politische Isolation.

Arafat, der sich inzwischen zum „Präsidenten

von Palästina“ hatte ausrufen lassen, fand sogar einen Weg, die ominöse PLO-Charta, die den Juden jegliche nationalen Rechte absprach, zu umgehen. Bei einem Besuch in Paris im Mai 1989 erklärte er, die Charta sei „caduc“ (überholt), was alles oder nichts bedeuten konnte. Wobei der PLO-Chef gar nicht das Recht hatte, dieses Grundsatzdokument einseitig zu ändern.

Arafats politische Erfolge zwangen letztlich die israelische Regierung, eine eigene Initiative zu unterbreiten. Nach einem erbitterten Tauziehen innerhalb der Regierung schlug Schamir Wahlen für eine Vertretung der Palästinenser in den besetzten Gebieten vor.

Wiederum konterte Arafat geschickt. Er lehnte den Schamir-Plan nicht gänzlich ab, verknüpfte ihn jedoch mit Bedingungen, von denen er annehmen konnte, daß Israel sie nicht akzeptieren würde. So etwa die Teilnahme von offiziellen PLO-Vertretern an den Verhandlungen mit Israel oder die Ausdehnung der Wahlen auf den arabischen Teil Jerusalems.

Nun schalteten sich sowohl die USA als auch Ägyptens Präsident Hosni Mubarak ein, um ein völliges Scheitern der israelischen Initiative zu verhindern. US-Außenminister James Baker entwikkelte einen eigenen Plan, der von Israel und Ägypten prinzipiell akzeptiert und von der PLO nicht total abgelehnt wurde. Dann aber warf der Zusammenbruch der israelischen Regierungskoalition Anfang 1990 den Friedensprozeß an den Ausgangspunkt zurück.

Zarte Hoffnung schöpften die Friedenskräfte im Nahen Osten indessen aus der veränderten weltpolitischen Lage. Auf der internationalen Bühne war der Nahostkonflikt längst zu einem Stellvertreterkrieg geworden: Mit den USA auf der Seite Israels und der Sowjetunion, welche vom Zustand „Weder Krieg noch Frieden" am meisten profitiert hatte, im Lager der Araber. Nach zwei Jahren „Intifada" stehen die USA aber nicht mehr bedingungslos hinter Jerusalem, und die Sowjetunion hat kein Interesse mehr daran, den Nahen Osten weiter als Krisenherd zu erhalten.

Optimisten sehen somit erstmals Chancen einer Nahost-Einigung im Rahmen einer weltweiten Détente. Pessimisten halten dem entgegen, die Konflikte der Region hätten längst ihre Eigendynamik entwickelt, der mit Logik nicht beizukommen sei.

Mit seinem dramatischen Kurswechsel hat Arafat Israel die Wahl des Handelns entwunden. Der Staat, der allen Feinden getrotzt hat, ist politisch gespalten. Soll man mit den Palästinensern verhandeln oder nicht? Auch der Wandel im Ostblock beeinflußt die Konstellation im Nahen Osten. Wohin führt der Weg?

Nachwort und Ausblick

Man stelle sich vor, ein Blick in Israels Zukunft wäre möglich. Was würde er wohl zeigen? Eine Fortsetzung des gegenwärtigen Zustandes von „Weder Krieg noch Frieden“, weiterhin Unruhe und Spannung? Diese Version ist wohl die Wahrscheinlichste, vertraut man den befugten und unbefugten — zumeist jedoch selbsternannten — Nahost-Experten. Und ein derartiger Zustand müßte, so sagen sie, auf längere Sicht zu einer Katastrophe von geradezu apokalyptischem Ausmaß führen.

Dieser Prognose ist eine gewisse Logik nicht abzusprechen, aber gerade darin liegt ihre Schwäche. Die Entwicklung im Nahen Osten läßt sich nämlich nicht mit europäischer Logik beurteilen. Dort hat man sich an dauerhafte Provisorien gewöhnt. Klar ist lediglich, daß Israel die „Intifada“ nicht aus der Welt schaffen kann. Ebenso offenkundig ist, daß die Palästinenser durch die „Intifada“ allein ihren Staat nicht verwirklichen können, selbst wenn das Ausland seinen Druck auf Israel verstärkt.

Das Nahost-Problem kann nur mit geistigen Waffen gelöst werden, wenn die Israelis erkennen, daß die Araber ihnen einen jüdischen Staat wirklich zugestehen. Und daß die Palästinenser nach Bildung eines Staates in einem Teil Palästinas keine weiteren Forderungen stellen werden.

Nehmen wir an, eine derartige Lösung wäre möglich. Würde dann das goldene Zeitalter in Israel anbrechen? Sicher ist dies nicht. Innere Spannungen in der israelischen Gesellschaft, bisher durch die allgegenwärtige Bedrohung der nationalen Existenz von außen in tragbaren Grenzen gehalten, könnten dann erst richtig ausbrechen und das Land an den Rand eines Bürgerkriegs bringen oder zu so starken Konflikten führen, daß sich die eine oder andere Bevölkerungsgruppe – zumeist sind das die Gemäßigten – zur Emigration entschließen könnte. Das wäre eine größere Gefahr für die Existenz Israels, als es die Araber jemals gewesen waren.

Dabei sind die Gegensätze schon heute in Israel präsent: sowohl zwischen dem „europäischen" und dem „orientalischen" Teil der Bevölkerung als auch zwischen den Orthodoxen und den Säkularen.

Die Araber hatten jahrelang argumentiert, Israel sei ein westlicher Fremdkörper im Nahen Osten. Das trifft heute nicht mehr zu. Auf Grund der Bevölkerungsmehrheit der Juden aus arabischen und orientalischen Ländern ist Israel auf dem Weg, ein echter Nahoststaat zu werden. Und die Mehrheit der „Orientalen" wird auf Grund ihrer höheren Geburtenrate weiter ansteigen, ebenso wie der Anteil der Orthodoxen.

Beide Gruppen haben natürlich ein Recht, ihr Leben nach Gutdünken zu gestalten. Wie aber wird sich das auf Israels demokratische Institutionen westlicher Prägung auswirken?

Die Entwicklung müßte nicht zwangsläufig negativ sein, wobei man darüber streiten kann, ob eine „Enteuropäisierung" Israels überhaupt von Nachteil wäre. Das demographische Gleichgewicht könnte indes wiederhergestellt werden durch eine stärkere Einwanderung sowjetischer Juden, die momentan ernsthaft befürchten müssen, im Falle eines Scheiterns der Gorbatschowschen Reformen als Sündenböcke nationalistischer Kreise unter die Räder zu kommen. Dazu käme im Frieden die Aussicht auf eine höhere Immigrationsrate aus den hochentwickelten westlichen Industrieländern.

Israels wesentliche Aufgaben — und Chancen — liegen jedoch auf dem Bildungssektor. Seine Hochschulen haben schon heute internationales Niveau. Die Mittelschulen werden den gleichen Standard erreichen, wenn es ihnen gelingt, ihre Türen — und das ist in erster Linie eine Geldfrage — stärker für Kinder unterprivilegierter Schichten zu öffnen. Ist die Kriegsgefahr einmal gebannt, dann sollten große Summen aus dem Verteidigungsbudget für das Erziehungswesen freiwerden. Und damit könnte der Niveau-Unterschied zwischen privilegierten und unterprivilegierten Israelis zumindest verringert werden. Der Weg zu einer Integration — Wunschtraum der frühen zionistischen Pioniere — wäre damit offen, auch zu jener zwischen Orthodoxen und weltlich-modern orientierten Juden.

In Friedenszeiten würden sich auch für israelisches Know-how die Tore in die ganze Region öffnen. Bisher hatten sich die Araber den Weg zur Innovation selbst verschlossen. In einigen Ländern war daraus sogar ein Rückschritt geworden. Bei einer Versöhnung würden die Gründe für diese Komplexe wegfallen.

Somit könnte Israel seiner, von den Propheten angekündigten Mission als „Licht der Welt" — in realistischen Grenzen — gerecht werden.

Zeittafel

ca. 1800 v. Chr.: Abraham zieht von Mesopotamien nach Kanaan
ca. 17.–16. Jh. v. Chr.: Zug der Israeliten nach Ägypten
ca. 15.–13. Jh. v. Chr.: Moses führt die Israeliten aus Ägypten
ca. 1000 v. Chr.: David wird König von Israel
ca. 950 v. Chr.: Teilung des Reiches: Israel und Juda
722 v. Chr.: Vernichtung Israels durch die Assyrer
586 v. Chr.: Vernichtung Judas durch die Babylonier; Zerstörung des Tempels von Jerusalem
538 v. Chr.: Edikt des Cyrus gestattet die Heimkehr der Judäer
332 v. Chr.: Alexander der Große erobert Judäa
323 v. Chr.: Judäa geht an die ägyptischen Ptolemäer
201 v. Chr.: Judäa fällt an die syrischen Seleukiden; Beginn der zwangsweisen Hellenisierung
63 v. Chr.: Pompeius erobert Jerusalem; Beginn d. röm. Dominanz
34–4 v. Chr.: Herodes König von Judäa
66–73 n. Chr.: Jüd. Aufst. geg. Rom; Zerst. d. Zweiten Tempels
132–135: Aufstand des Bar Kochba gegen die Römer
313: Palästina fällt an Ostrom
636: D. Araber erobern Jerusalem; Beginn d. moslem. Herrschaft
ab 1096: Ära der Kreuzzüge; Verfolgung der europäischen Juden
1492: Ausweisung der Juden aus Spanien
1516: Eroberung Palästinas durch die Türken
1881: Schwere Pogrome in Rußl.; erste jüd. Siedlungen in Palästina
1896: Theodor Herzl veröffentlicht sein Buch „Der Judenstaat“
29. August 1897: Erster Zionistenkongreß in Basel
2. November 1917: In der Balfour-Declaration verspricht Großbritannien den Juden eine „Nationale Heimstätte“ in Palästina
Dezember 1917: Die Briten erobern Jerusalem
1920: Der Völkerbund verleiht GB das Mandat über Palästina
1925: Eröffnung der Hebräischen Universität Jerusalem
1929: Schwere Araberunruhen in Palästina
1936: Beginn des arabischen Guerillakrieges (bis 1939)
1937: D. brit. „Peel-Commission“ schlägt d. Teilung Palästinas vor

1939: Ein „Weißbuch“ der britischen Regierung zieht den Defacto-Schlußstrich unter das Jüdische Nationalheim

1942: Beginn d. jüd. Untergrundkriegs geg. d. brit. Mandatsmacht

1947: Großbritannien überträgt das Palästina-Problem den UN; Ausbruch des Palästinakrieges

14. April 1948: Ende des britischen Mandats; Ausrufung des Staates Israel; Invasion durch die arabischen Armeen

1949: Waffenstillstandsabkommen von Rhodos mit Ägypten, Jordanien, Libanon und Syrien (Jänner bis Juli); Februar 1949: Chaim Weizmann († 1977) erster Präsident Israels

1952: Reparationsabkommen zwischen der BRD und Israel; Juli 1952: Sturz der Monarchie in Ägypten

1953: David Ben Gurion tritt als Regierungschef Israels zurück

1954: Gamal Abdel Nasser wird Präsident von Ägypten († 1970)

1955: Ben Gurion kehrt in die Politik zurück

Juli 1956: Nasser verstaatlicht den Suez-Kanal; Oktober 1956: Erster Sinai-Krieg

1957: Israel evakuiert den Sinai und den Gaza-Streifen

1963: Ben Gurion († 1973) zieht sich endgültig vom Amt des Regierungschefs zurück; Levi Eschkol wird Premierminister

1967: Erste israel. Reg. d. nat. Einheit; Sechs-Tage-Krieg (Juni)

Feber 1969: Eschkol stirbt; Golda Meïr wird Premiermin.

Oktober 1973: Yom-Kippur-Krieg

1974: Golda Meïr († 1978) tritt zurück; April 1974: Itzhak Rabin Premierminister

1977: Sieg der Rechten bei den israelischen Wahlen; Menachem Begin Regierungschef

Sept. 1978: Abkommen von Camp David zw. Israel u. Ägypten

März 1979: Israelisch-ägyptischer Friedensvertrag

Oktober 1981: Sadat ermordet

1982: Israel fällt im Libanon ein; Massaker von Sabra und Schatila

Juni 1983: Begin tritt zurück; Itzhak Schamir Regierungschef

1984: Große Koalition in Israel

Dezember 1987: Beginn der „Intifada“

1988: PLO-Chef Arafat erklärt sich zur Anerkennung von Israels Existenzrecht bereit

1989: Die PLO ruft einen „unabhängigen Staat Palästina“ aus

März 1990: Sturz der Koalitionsregierung Schamir

Weiterführende Literatur

Zur Vertiefung des Themas empfiehlt der Autor aus der Fülle der einschlägigen Literatur folgende Bücher, die zum Teil als Quelle benutzt wurden:

Albright, William: Archäologie in Palästina, Zürich 1962

Avinery, Uri: Israel ohne Zionisten, Gütersloh, 1969

Azzam, Hamdy Mahmoud: Der Islam, Stuttgart 1981

Bar Zohar, Michel: David Ben Gurion, Hamburg 1968

Benedict, Hans: Kirschen aus Sidon, Wien 1989

Ben Sasson, H. H. (Hrsg.): Geschichte des jüdischen Volkes (3 Bände), München 1980

Bunzl, John: Juden im Orient, Wien 1989

Collins, Larry/Lapierre, Dominique: O Jerusalem, Gütersloh 1972

Dayan, Mosche: Die Mission meines Lebens, München 1981

Dayan, Mosche: Die Geschichte meines Lebens, Wien 1976

Eban, Abba: Dies ist mein Volk, Zürich 1970

Gilbert, Martin: Auschwitz und die Atheisten, München 1982

Harkaby, Yehoshafat: Das palästinensische Manifest, Stuttgart 1980

Herzl, Theodor: Der Judenstaat, zuletzt Osnabrück 1968

Ijad, Abu: Heimat oder Tod, Düsseldorf 1979

Konzelmann, Gerhard: Die Schlacht um Israel, München 1974

Konzelmann, Gerhard: Arafat, Bergisch-Gladbach 1981

Laffin, John: Die PLO, Zürich 1983

Meïr, Golda: Mein Leben, Hamburg 1975

Riegler, Susanne: Abu Musa, Abrechnung mit Arafat, Wien 1989

Sadat, Anwar: Die ägyptische Revolution, Düsseldorf 1970

Scholem, Gershon: Jüdische Mystik, Frankfurt 1977

Sharaf, Schamil: Die Palästinenser, Wien 1983

Stiegnitz, Peter: Judentum, Wien 1988

Teveth, Shabtai: Mosche Dayan, Hamburg 1973

Tuchmann, Barbara: Bibel und Schwert, Frankfurt 1983

Wagner, Heinz: Der arabisch-israelische Konflikt im Völkerrecht, Berlin 1971

Weizman, Ezer: Eine Schlacht für den Frieden, München 1981

Wouk, Hermann: Das ist mein Volk, Hamburg 1984

Bisher erschienen

Boigner · Kommunikation

Cyrus · Die Indianer Nordamerikas

Ehalt/Gilnreiner · Abfall

Ellinger · Buddhismus

Ellinger · Hinduismus

Gauß/Hartinger · Marxismus

Greve · Bundesrepublik Deutschland

Guttman · Lernen

Harsieber · Das neue Weltbild

Huber · Menschen „machen“

Wolf In der Maur · Die Französische Revolution

Wolf In der Maur · Nationalismus

Lindner · Geheimbünde Europas

Nini Lo Bello · Der Vatikan

Lukschanderl · Der Wald

Machatschke · Raumfahrt

Machatschek · Islam

Meysels · Nationalsozialismus

Mitterbauer · Verhaltensforschung

Pauli · Sowjetunion

Pelinka · Sozialdemokratie in Österreich

Penninger · (Nord-)Irland

Pohanka · Erotik

Rothmayer · Kybernetik

Simonitsch/Sterk · Österreich und die EG

Sterk · Biedermeier

Sterzinger · Das Wetter

Sterzinger · Fliegen

Stiegnitz · Judentum

Stiegnitz · Sekten und Freikirchen

Strohal · Die Erste Republik

Strohal · Erster Weltkrieg

Strohal · Zweiter Weltkrieg

Thürmer · Deutsche Demokratische Republik

Treffer · USA

Wanschura · Astrologie

Wanschura · Psychotherapie

Weiss · Östliches und westliches Denken

Worm · Gentechnik

Zechmeister · Künstliche Intelligenz

Zettel · Geheimnis der Zahl

In Vorbereitung sind die Themen:
Liberalismus · Aberglaube · Mozart · Israel · China · Indien
Geld · Die Habsburger · Verpackung · Logik · Freimaurer
Wasser · Fundamentalismus · Mittelalter · Südafrika